国家社会科学基金重大项目
“基于市场导向的创新体系中政府作用边界、机制及优化”（18ZDA114）

央地关系视角下中国实验主义创新治理研究

宋斌斌 著

中国财经出版传媒集团
中国财政经济出版社

教育部本科教学工程“财政学专业综合改革试点”
（项目编号：ZG0340）资助项目

前 言

当前正处于百年未有之大变局，世界经济的发展动力正在由消费驱动的经济增长模式向新科技革命推动的创新性经济增长转变，特别是2020年新型冠状病毒肺炎疫情给全球经济带来了不利影响，各国政府、企业、科研机构不断地试图通过创新助推复原力以破解危局。中国作为世界经济体的重要成员，在改革开放四十余年的风雨历程中始终将“创新作为引领发展的第一动力”，家庭联产承包责任制、社会主义市场经济体制就是制度创新典范，从技术引进、跟随模仿到协同创新、自主研发的科技创新路径，国家创新型城市、自主创新示范区、全面创新改革试验区等治理创新模式，也是重要的创新举措。“看似寻常最奇崛，成如容易却艰辛”，正是创新在增强国家竞争力、推动经济发展和满足人民美好生活需求中的持续效用，党的十八大将“创新驱动发展”上升为国家战略。目前，新一轮科技革命和产业革命方兴未艾，尤其是拥有强大5G技术的中国有望在国际竞争中后来居上。后疫情时代的国际竞争与日俱增、国内发展不均衡不充分问题凸显、核心技术被“卡脖子”、产业发展被“牵鼻子”等创新困境显现，党的十九届五中全会在谋划“十四五”时期发展路径时强调，“坚持创新在我国现代化建设全局中的核心地位，把科技自立自强作为国家发展的战略支撑”，提出将“完善国家创新体系、显著提升创新能力”作为“十四五”时期经济社会发展的主要目标，以实现突围破局和高质量发展。

自1912年熊彼特（Schumpeter）在经济上使用创新概念以来，创新理论范式经历了“古典经济学的线性范式——系统经济学的非线性范式——演化经济学的生态系统范式”的发展过程。线性范式（创新1.0）认为创新是从基础研究到应用研究，再到产品开发和商业化的线性过程；非线性范式（创新2.0）强调创新并非连续有序的，而是技术机遇和市场需求综合作用的复杂系统，企业要广泛获取外部的创新源以进行开放式创新；生态系统范式（创新 3.0）遵循生态学规律，意识到多要素自组织演化和动态发展的创新生态系统的重要性。在理论反思与现实检视的交互影响下，我们不断探究以市场为导向、多元主体共同参与的国家创新体系的构建与完善。我们认为，国家创新体系是在国家范围内各类创新主体协同互动、创新要素顺畅流动且高效配置的生态系统，形成以创新驱动发展的实践载体、制度安排和环境保障，其主要表现为：在促进知识与技术的开发、应用、扩散与升级等过程中，政府、产业界、学术界、公众等多元主体协同作用的网络系统；基于社会主义市场经济条件下发挥市场机制的基础性作用，不断提高政府的宏观调控与治理水平，以实现人力、物力、财力、智力等创新资源优化配置的动态系统。

中国政府纵向的权力结构如何塑造创新治理？不确定条件下政府如何通过实验主义方法优化创新治理路径？在中国"中央—地方"政府的层级结构中，各级政府之间的互动对实验主义创新治理过程有着重要影响。本书探讨了中国政府如何在市场化转型的四十年中改革体制的结构束缚，逐步建立一个以创新为导向的体系。通过比较分析中国"国家高新技术产业开发区""国家创新型城市""国家自主创新示范区""全面创新改革试验区"的历史脉络，提出了中国实验主义创新治理体系。

本书共包括九部分内容：第一章为绪论，阐述了研究背景与意义、研究内容和创新之处。第二章为文献综述和理论基础，基于中国实验主义创新治理研究，包含创新与制度的三种竞争性解释框架、中国创新成就及其治理逻辑的再反思、实验主义理论与中国创新治理优化、研究缺口四个部分。第三章为本书分析框架，基于中国治理情景尤其是中国垂直的权利结构和央地分权与集权动态提出研究假设，通过理论梳理和逻辑演绎构建了中国实验主义创新治理分析框架，提出本书的研究设计、案例选择和研究方法。第四章回顾了中国改革开放后创新治理发展历程与治理机制变迁。通过对创新治理改革历程和重大时间节点以及改革举措的历史性回顾划分中国创新治理阶段，分析其治理机制总结基本经验。第五章使用中国 31 个省（直辖市、自治区）的面板数据，考察了国家高新技术产业开发区自 2005 年至 2018 年间的创新绩效和区域创新能力，总结高新区创新治理经验教训。第六章选取"国家创新型城市""国家自主创新示范区"和"全面创新改革试验区”三种政策实验，通过回顾这些政策实验制定过程和央地互动，比较了这三种随着中国国家创新体系的发展而演变的实验主义治理模式。第七章选择中关村科技园区作为典型案例，对其四十余年改革历程中中央与地方政府的政策互动进行梳理，重点分析了中关村科技园曾经试点并全国推广的创新政策工具及其“试点—筛选—扩散”过程。结合此前对国家创新试点城市、自主创新示范区、全面创新改革试验区的演进，从政策目标与工具、权利分配、战略目标动态变化三个维度构建了中国的国家实验主义创新体系。该体系采取渐进的方式最终形成政策（或改革），这是中国政策制定过程的显著特征之一。第八章综合上述研究对基于市场导向的创新体系中政府作用提出系统性建议：立足关键区域领域和环节，实现精准化创新治理，由实验治理转向常态治理，让创新进入考核体系，发挥三方主体主动性，强化新型研发机构作用，平衡中央地方权力划分，持续优化创新治理流程。第九章主要总结了中国在实践过程中逐步构建的实验主义创新治理体系，对其央地交互机制进行分析，讨论了本书的研究局限并对中国创新治理的未来进行了展望。

本书的特点在于：（1）在结构安排上，致力于建构以市场为导向的国家创新体系，实验主义的基础理论框架下探讨政府创新治理问题，各项研究成果各有侧重、相互联系，形成了一个比较完整的研究体系。（2）在研究取向上，遵循“全球视野、中国问题、现实取向、协同研究”的原则，在深化创新理论研究的基础上，追踪我国创新治理实践中的热点和难点问题，回应中央和地方政府在创新领域科学决策的现实需要。（3）在研究方法上，坚持规范研究与实证研究相结合，理论研究和对策研究相结合，宏观研究和微观研究相结合，综合研究和个案研究相结合，特别是多样化的计量模型与仿真模拟的统筹运用属于初创。（4）在研究内容上，既面向现实需要又面向理论需要，对多元创新主体动态交互的创新过程，以及以市场为导向的国家创新体系中政府作用边界及机制进行了理论分析与实证检验，并为基于历史回顾的优化方案，提出建立“以赋能为手段、以全面发展为目标、以市场为导向的国家创新体系政策框架”。

本书不仅适合关注国家创新治理研究的教学科研工作者，也适合于从事创新治理实务的各级领导干部阅读参考。随着创新实践的不断发展，会有越来越多的热点、焦点和难点问题逐渐涌现，创新治理的理论研究与经验探讨会日益深入，所有研究同仁也会根据现实需要和理论发展增加新内容、新方法和新视角，希望能够通过所有关心政府、企业、高校创新能力的同行和朋友的共同努力，促进理论界与实务界的良性互动，助力中国经济从高速增长顺利转向高质量发展，实现科技创新打造美好生活的共同愿景。

目　录

第一章 绪 论

一、问题的提出

在知识经济时代，创新成为一国可持续发展的决定性因素（Brock & Colander，2000）。发达工业国家和新兴经济体的政府正在实施一系列广泛的创新治理（Innovation Governance）政策，以支持高科技行业，其中许多都是雄心勃勃、充满风险的（Gimeno，2005；Heberer & Schubert，2008）。各国不同的制度环境和政治背景增加了各国创新治理的复杂性。不同的政治制度为创新行动者和政策参与提供了不同的机会。各国政府根据特定的体制传统和决策方式，使用不同的社会技术进行创新治理政策协调（Brock & Colander，2000）。在治理实践过程中，由于自发的适应和自上而下的等级控制都不能单独起作用；决策者通常对创新治理的目标没有清晰的认识，也没有足够的证据基础来确定哪些公共政策工具将产生最大的经济和社会产出（Scharpf，1997；Kenis & Schneider，1991）。政府提倡替代的和新的治理形式，实验主义治理（Experimentalism Governance）被认为是一个潜在的政策路径，以适应和优化创新治理结构（Kuhlmann，2001）。

事实上，通过治理实践不断检验、矫正或强化政策组合并对国家创新系统进行动态完善，是各国政府在创新治理改革中的常态（Eckert & Burca，2012），也是各国通过多样化政策试错所做的种种努力（Montinola & Qian，1995；Xu，2011）。中国“试点—筛选—扩散”型政策实验（Policy Experiment）过程，在某种程度上体现了中国政府在实践中突破现有行政框架，寻求制度改革红利，调节多层级政府（Multi-level Government）间的功能和边界，优化政府与市场作用的渐进式改革思路，并在长期的改革过程中逐步形成了富有中国特色的实验主义创新治理模式（章文光，2018）。本书旨在探索中国改革历程中通过实验主义方法优化创新治理的路径。通过回顾中国改革开放后不同阶段创新治理历程，梳理"国家高新技术产业开发区""国家创新型城市""国家自主创新示范区"和"全面创新改革试验区"四种典型创新治理实验的政策实验过程，在探索中央和地方政府在制定和优化创新治理政策方面所扮演的角色的基础上，试图构建一个具有中国特色的实验主义创新治理体系。本书研究并回应了以下三个主要研究问题：中央权威之下，分权和集权的多种实验模式为何开展？如何开展跨区域治理目标协同？中央和地方在制定政策目标、探索政策工具等问题上走了什么路线？研究数据主要来自政策文件、统计年鉴以及对中央和地方创新部门官员、专家和企业人士的访谈。

二、研究背景

20 世纪 80 年代以来，世界经济从工业经济转向知识经济。创新日益成为推动世界经济增长的主要力量之一。因为创新活动通常伴随着相当大的投资，风险高，和不确定性，更重要的是，创新活动越来越生产公共物品，许多国家的政府已经开始开发国家创新系统（NIS）协调集体行动，以整体的方式分配资源，开发政策机制来有效地促进创新（Lundvall，2007）。同时，创新活动正在迅速发展。现有的治理理论或实践普遍地不能直接应用于创新系统和创新治理。决策者通常对创新治理的目标没有清晰的认识；也没有足够的证据基础来确定哪些公共政策工具将产生最大的经济和社会产出（Christine & Zeitlin，2014；Cai & Treisman，2009）。由于这些不确定性，实验主义治理被认为是一个潜在的政策路径，以适应和优化创新治理结构。

实验主义治理通常涉及多个公共管理实体为实现某些政策目标而进行分散决策。这些实体通常在同一政策框架下相互交流、相互学习，并根据自身情况不断调整各自的行动计划（Martinez & Robert，2003；Sanderson，2014）。近几十年来，许多国家都采取了实验性的治理方式来推动经济发展，精简公共服务，改善环境保护（Cai & Treisman，2009；Holtgrave，Doll & Harrison，1997；Michael，Blomkamp & Lewis，2018；Charles & Zeitlin，2008）。以往的研究表明，传统的层级治理模式主要采用自上而下的方式进行控制和监督，因此无法有效地管理变革快速、不确定性大的公共事务，如创新（James，2009）。相比之下，实验主义的治理方式依赖于地方政府更多的权力和判断力，通过社会学习更好地协调参与主体的集体行动（Christine & Zeitlin，2014；Verdun，2012）。大量研究美国和欧盟实验主义治理的文献强调分散的政治体系是实验主义治理的关键要素之一（Simon，1998；Julian，2005）。具有财政和立法自主权的地方政府更有可能主动进行政策实验，选择有效的政策进行扩散（Thibodeau，Nagarajan & Whittle，2007；Verduyn，2014）。

中国的行政管理体制以权威、自上而下的管理和控制为特征（Junbo，2009；Chan，2014）。这种中央集权的政治结构自然地假定地方政府不具有当前实验主义治理理论所建议的高度自治。然而，在创新等诸多领域，中国实施了大量的经验主义治理实践，是转型国家的典型代表（Thomas，1995；Chen，Pan & Xu，2015）。这种理论与中国实践之间的差异，需要对中国的实验主义治理进行分析。中国的实验主义治理模式通常是在针对特定政策领域（如卫生、社会福利、环境和创新）的多层治理结构中发展起来的。这一模式涉及中央和地方政府的互动、协商、协作，政策制定机制相对稳定，但也为解决许多社会经济问题提供了灵活的路线图（Zhu & Zhao，2018；Caim & Daniel，2013）。

中国在创新促进方面与其他发展中国家的不同之处在于，中国没有采取自上而下的方式强行改革制度。由于政府部门权利分割，改革开放初期，中央政府缺乏调动资源的能力或协调跨部门和机构的手段，中央官员也无法依靠广泛的国内和国际网络来帮助提升本土技术创新。相反，中国依靠地方政府的实验及其互动，探索可行的改革措施。通过向中央官员施压，打破现有的制度障碍；制定亲市场的法律法规、调整科技政策和鼓励创新举措，然后将成功的经验介绍给中央官员，由他们制定政策向全国推广；或者通过区域间的相互沟通被其他区域学习，自下而上推动对落后的制度框架进行实质性改革——这种举措被概括为“摸着石头过河”，被认为是一种典型的实验主义治理举措（Xue & Zhong，2012）。实践证明，这种模式可以避免由于全国范围的突然变化而造成大规模的社会不稳定的风险，在改革失败时减少经济和社会成本。中国政府一直坚持这一做法，并逐渐成为中国特色的政策过程。

在建立国家创新体系的过程中，中国一直在依靠这种实验主义方法，探索制定适合本国国情的创新治理政策。特别是自 2003 年以来，围绕“试点—筛选—扩散”的路径开展了一系列政策实验，探索和实施一种高效的创新治理政策体系。为了在中央政治制度的框架内容纳地方政府的自治，这一模式在四十余年的市场化过渡时期经历了权力的集中、分散和重新集中的阶段（Caulfield，2013）。这种变化反映了在中国的实验主义治理中，中央和地方政府之间一种动态的张力关系。权力下放赋予地方政府权力并鼓励它们开展多样化的政策实验，而权力重新集中则促进经过检验和挑选的政策经验和知识的传播。经过四十余年的萌芽、发展与完善，中国实验主义创新治理模式逐步稳定，成为中国政府推进创新驱动战略和优化创新治理的重要方法。在中国情景下这种实验主义方法逐步构建了中国创新治理体系，在此体系下形成了中央与地方政府各自新的角色和协调机制。

三、研究意义

本书旨在探讨中国过去四十年中进行的体制改革如何为改善国家的创新绩效做出贡献。本书认为，中国实验主义创新治理体系的独特组织特征，特别是其中央政府与地方政府之间的关系，有助于逐步改变与科技体系有关的制度，从而提高本土创新能力。这一过程也是中国实验主义创新治理独特的发展模式。

（一）理论意义

首先，作为一个转型国家，中国的创新治理模式既包含西方国家创新治理的一般性特征和普遍规律，又包含适应中国制度背景的独特经验，尤其在创新治理过程中的多级政府角色与行为方面。本书将在中国创新治理历程的梳理和分析过程中，总结具有中国创新治理经验，提炼具有中国特色的创新治理模式。

其次，中国独特的创新促进路径与政治环境有关。从“高新技术产业开发区区”到“全面创新改革试验区”的演变，及其发展历程中的中央与地方政府间关系（本书将之称为“央地关系”）为我们探索中国创新系统及其创新治理机制提供了切入点。创新系统是“嵌入”在历史、政治和社会环境中的，如果不深入研究具体的制度状况，就不能很好地理解创新系统。本书将实验主义与中国创新治理相结合，通过研究中国政府创新治理模式的历史演变，以及中央和地方政府围绕创新治理的反复互动，来探讨多层级政府如何在交互过程中促进中国国家创新体系发展，拓展了实验主义创新治理理论。

（二）实践意义

首先，本书研究有助于中国深化行政体制改革，加快转变政府职能，提升政府创新治理能力。本书在国家创新体系和中国实验主义创新治理背景下对市场和政府的关系进行重新审视，运用历史制度主义视角探寻政府创新治理体制改革激发社会多元组织创新活力的内在关系，在此基础上，一方面对创新链条进行主体行为分析，重点探究多元创新主体的行政机制、政府和市场的联系机制与监督体制；另一方面，通过规范和实证分析，探索政府治理能力影响创新驱动发展的内在机理，并从实验主义治理和“政策工具—创新绩效”往复循环两个方面提出政府创新治理能优化路径的逻辑思路。有利于完善中国创新体系，提高创新治理绩效。

其次，有助于推动中国创新治理过程中的政策创新，完善中国创新治理体制的“顶层设计”。本课题以政策变迁为主线，以政策工具、政策目标和政策赋权为主要维度，建立创新治理过程中实验主义三维分析框架，对中国改革开放四十多年来不同发展阶段的开放型经济政策进行梳理，利用文献挖掘方式，对已有的开放型经济政策内容进行回溯、分析，总结、审视中国创新治理政策，考察政府通过实验主义方法参与区域创新活动的有效性和作用机制等问题。因此，本书有利于重塑中国多层级政府创新治理行为，构建以政府为主导、企业为主体、市场为基础的创新体系，助推多元主体创新网络的形成。也有利于优化城市、地区和国家创新系统的治理，实现“创新驱动”发展的目标。

四、创新之处

本书主要考察了中国实验主义创新治理过程中“中央政府与地方政府”的职能与行为，通过对中国三种实验主义创新治理模式的分析构建了中国实验主义创新治理体系整体性框架。对比以往相关研究，本书的创新之处主要体现在以下两个方面。

（一）理论创新

本书加深了对中国创新政策实验的理解。中国创新政策实验旨在实现两个主要目标，即事实上的“测试正确”或“测试错误”也可被称为“验证”或“纠偏”。这两个目标中的哪一个更能代表中国的创新政策实验，这是一个被长期争论的话题。赞成“测试正确”观点的研究声称，通过启动实验来测试中央政府准备好的政策工具。“测试正确”实验可以对出现的缺陷进行微小的修改，从而更有助于实验的成功（Cai & Treisman，2006；Pei，2012）。相反，“测试错误”实验以地方分散决策为基础，在来自地方多样化实践的政策工具池中选择最后的解决方案（Montinola，Qian & Weingast，1995；Xu，2011）。尽管存在争议，以前的文献很少表明中国政府在类似案例中选择不同实验模式的原因。本书旨在使用单一的框架解释针对不同目的（即“测试正确”或“测试错误”）的本地政策实验。本书对中国的实验主义创新治理进行了历史回顾，通过国家创新试点城市、自主创新示范区、国家全面创新改革试验区的演进，构建了中国的国家实验主义创新治理体系。这种演进强调了三个相互交织的要素，即：（1）权力的分配从集中到分散再回到集中；（2）逐步明确的政策目标和手段；（3）战略目标的动态变化。实验主义治理模式的演变表现为：在市级层面上探索政策选择的适应性协调、在地区层面上有选择性地测试政策工具、在国家层面上以政策框架的部署为目标的层次实验。这些模式采取渐进的方式最终形成政策（或改革），这是中国政策制定过程的显著特征之一。

（二）视角创新

本书提供了一个关于中国创新体系变迁的历史视角。国内关于创新治理的大量研究批判了官僚复杂性、结构不确定性等制度缺陷。但以往的研究很少从源头上理解这些问题。以前对中国治理文献的研究倾向于“自上而下”“自下而上”和“国家主义”等单一维度，从静态理解央地政府关系。缺乏对中央与地方政府在实验主义创新治理过程中反复协调政策目标、实验并筛选政策工具这一动态过程的深入探索，本书通过对中国实验主义创新治理典型案例的深入研究，提出中国的央地互动在时间上是非线性的，在空间上是交互往复螺旋上升的过程。随后通过研究中国政府创新治理方式的历史演变和创新主体网络结构的变迁，来探讨中国国家创新体系发展的路线图，进而为中国探索优化创新政策途径明确行政体制上的实践基础。

五、框架结构与内容简介

本书从实验主义治理理论和国家创新体系重塑对创新治理的制度性影响，归纳、提炼中国创新治理历史发展脉络和创新制度演进经验。从央地关系与治理转型角度考察政府在创新政策领域的政策目标、政策工具以及赋权模式的转变。结合中国特有的“试点—筛选—扩散”政策实验过程，梳理中国实验主义创新治理的发展沿革、治理机制和优化途径。本书的研究思路如下（见图 1－1）。

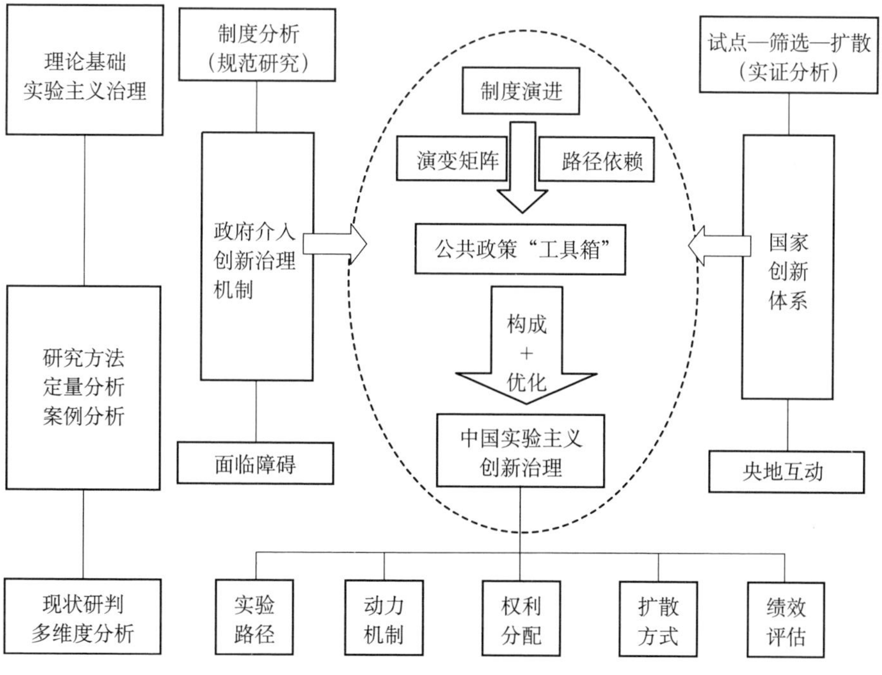

图 1－1　研究技术路线图

本书共九章。第一章为绪论，介绍了中实验主义创新治理的研究背景、研究问题、研究意义和创新之处，初步交代了本书的研究方法和数据来源。

第二章对创新与制度间关系的三种竞争性解释做了回顾，并指出其解释力不足的问题。随后对中国创新治理的文献进行分类和再反思，指出“自上而下”“自下而上”“创新系统”三种视角并不能概括中国创新治理的全貌。进一步，本书通过将实验主义治理理论与中国创新治理实践相结合，指出实验主义理论可以更好地解释中国改革四十年间促进创新能力的治理优化路径。最后，基于现有文献缺口，提出三个研究问题，为第三章理论框架的构建提供基础。

第三章建立了一个中央与地方政府互动视角下的通用型分析框架来解释中国实验主义创新治理的特征和机制。本章首先描述了中国治理情境和创新治理行动者的基本假设，其次从三个维度对中国实验主义创新治理框架进行深入分析和演绎。最后，本章对研究设计、案例选择和数据来源进行了详细说明。

第四章为中国创新治理历史脉络梳理，为后续分析和解释提供政策背景与历史脉络。本章首先介绍了中国改革开放后四十余年创新治理历史和政策演变，按照中央战略和标志性创新治理实验将中国创新治理分为四个历史阶段，通过分析四个不同阶段的治理重心、治理主体与治理路径的区别，指出 21 世纪中国政府有意识地采取了实验主义创新治理举措。最后对中国实验主义创新治理的特点进行初步分析，总结出融合式共同学习、动态式调整、渐进式纠偏三种中国实验主义创新治理基本经验，为随后的案例和实证分析提供结构思路。

第五章定量研究中国创新政策的萌芽“国家高新技术产业开发区”，本章通过面板数据分析 2005 年至 2018 年中国各省份“国家高新技术产业开发区”相关指标，对其创新绩效和区域创新能力进行评价。得出结论认为国家高新技术产业开发区促进了各试点地方创新发展，但区域不平衡，政策扩散较少。高新区的上述缺陷可能是由于试点地方政府与中央政府的沟通缺乏固定渠道，地方缺乏权限等原因造成的。因此，中国政府在 21 世纪有针对性推出了多种央地互动的实验主义创新治理模式。

第六章和第七章为本书的案例研究部分，依据研究框架分析了中国实验主义创新治理治理模式，是本书的核心。第六章对 21 世纪后中国开展的“国家创新型城市”“国家自主创新示范区”和“全面创新改革试验区”三种实验主义治理模式进行研究。首先梳理三种实验模式的历史进程，尤其关注试点地方政府与中央政府在此期间的反复互动。随后，依据政策目标与工具、权利分配、战略目标动态变化三个维度将中国实验主义创新治理总结为三种模式。第七章对中关村科技园进行分析，介绍了中关村科技园诞生的历史背景和发展阶段，并对中关村科技园从“国家高新技术产业开发区”到“全面改革实验区”的发展演变做出梳理。选取不同历史时期中关村科技园实验的具体政策工具进行研究，尤其关注其扩散进程。最后总结了中央和地方政府在中关村政策实验过程中的互动，分析了中国实验主义创新治理渐进式改革路径。

第八章综合上述研究对基于市场导向的创新体系中政府作用提出系统性建议：立足关键区域领域和环节，实现精准化创新治理，由实验治理转向常态治理，让创新进入考核体系，发挥三方主体主动性，强化新型研发机构作用，平衡中央地方权力划分，持续优化创新治理流程。

第九章为本书的结论部分。结合前文分析总结了中国实验主义创新治理体系，讨论了中央和地方政府在实验过程中的作用和对国家总体战略目标形成的贡献。最后讨论了研究局限并对未来治理优化做出展望。

第二章　文献综述和理论基础

当前，世界已经进入知识经济时代，创新对经济的促进作用日益凸显。由于创新活动风险大、投入高、不确定性强及创新产品的公共物品属性等原因，仅仅由私人部门开展创新变得越发困难。因此，就需要政府构建一个国家创新系统（National Innovation System，NIS）来综合组织全社会的相关资源，建立高效的科学技术知识的生产、扩散和应用机制（Langenhove，2002）。但是，创新活动是一个迅速发展变化的领域，创新治理无论从实践还是从理论层面都缺乏可以依赖的历史经验；决策者往往并不能明确地认识到哪种公共政策的目标和工具更有可能产生最大的科技、经济和社会产出（Martin & Irine，1989；Leydesdorff，2014）。如何协调创新与政府关系？如何更好地推动创新治理？这些问题成为学术界关注的焦点，并催生了一系列有启发性的重要研究。

一、创新与制度的三种竞争性解释框架

迄今为止，关于创新与制度之间关系的研究大致分为三类。第一类文献强调了市场的力量和业务集群的自组织效应，将技术创新归因于集群业务组织之间的竞争和协作（Porter，2000）。第二类文献包括各种资本主义和创新制度的理论。这两个框架都强调一系列广泛的制度因素，包括研发投入、人力资源、教育体系、商业环境、产业关系、经济和产业政策、政府行动、历史和文化，所有这些因素共同决定了创新的特征和能力。第三类文献强调了后发国家在加速技术升级和赶超发达国家方面的作用。这方面的学者强调了政治对产业绩效的影响和国家对企业的干预，政治参与不仅在提供可预测的环境方面很重要，而且在创造企业激励和重塑国家—社会关系方面也很重要，这对发展和创新至关重要（Evans，1995）。

（一）集群理论

20 世纪 90 年代以来，企业集群理论得到了广泛关注。根据波特的说法，“集群是指在特定领域内，由相互关联的公司和关联机构组成的地理上邻近的群体，通过共性和互补性联系在一起”（Porter，1990）。

通过网络连接实现集群功能。一个例子是萨克森尼安（AnnaLee Saxenian）的研究，她比较了美国两个高科技集群——硅谷和 128 号公路。萨克森尼安认为，硅谷的特点是不同类型的组织之间的动态联系，这些组织与正式和非正式的社会联系有关。不同专业人士之间频繁地面对面交流，形成了团队型企业文化，与大学、研究机构和退休企业家的合作可以提供信息、经验和技术诀窍共享的非正式链接；与律师、风险资本家、银行家、顾问、人力资源公司和会计师的网络和联系为高科技公司提供专门的专业服务。这种有着密集的非正式交流和密切合作的模式超越了单个公司的边界，并创建了活跃的学习组织，这对于产生新思想、共享知识和转让技术至关重要（Saxenian，1996）。

产业集群的一个显著特征是自组织效应。集群式企业通过不断的沟通和互动积累业务经验，从相互的信息交流和试错过程中学习自己的发展战略，并找到自己相对于其他企业的位置，并能够有效地调整其发展战略以适应不断变化的市场环境。因此，由这些企业组成的集群具有主动适应和自我调节的能力，能够自发地重新安排其结构。在许多情况下，这些调整并不是有意设计的，但能够比国家规划更有效地运作。集群适应的复杂性决定了集群以非线性、路径依赖的方式演化（Martin & Sunley，2006，2007；Axelrod & Cohen，1999；Krugman，1996；Garnsey，1998）。

集群理论家以自组织特征为论据，指出成功的创新是由于整个集群的竞争力——即集群竞争能力。供应商是否能在生产过程中迅速提高能力，采购商是否有日益增长的复杂需求和追求更多新产品，以及竞争者是否有动力不断推进生产链中的环节（Porter，1990）。

值得注意的是，集群理论承认，政府的参与对于构建产业竞争力的决定因素及其相互作用的方式至关重要（Kankur & Zhang，1999；Fujita，Krugman & Venables，1999；Redding & Venables，2004）。贸易、培训、制定教育标准、促进科学和技术、建设基础设施、调节金融和市场体系等政策可能有助于培训熟练工人、产生复杂的市场需求、刺激企业结构和战略的变化支持战略产业（Fujita, Krugman & Venables, 1999）。在某些情况下，“集群”的概念还包括政府及其机构的组成部分。政府在早期发展阶段具有特别重要的作用，可以诱发新的组织形式的出现（Kauffman, 1996）。波特认为，集群（国家）竞争优势的建立经历了多个阶段，创新驱动阶段是成熟阶段，只有在这种情况下，自组织集群才充分发挥作用。这一阶段之前是投资驱动阶段，政府通过大量投资创造和升级创新要素，促进战略性产业，引导资本流动，保护新兴产业，促进技术转移，发挥重要作用（Porter, 2000）。

综上所述，集群理论将企业和市场放在中心位置，通过阐述集群组织及其底层结构如何不断演化、相互影响、相互促进，从而提升集群的产业能力，为自组织集群提供了合理解释。聚类理论，特别是其亚范畴——网络分析，强调了人与人之间微观互动联系的重要性。它让我们深入了解那些为技术突破做出贡献的非政府行动者的作用、信息流动的机制以及组织之间的联系，而在宏观结构层面上的研究很少对这些问题进行探讨，仅仅关注决策过程。此外，与将创新促进成功归因于国家优点的政治方法不同，网络方析确定了企业之间的联系，并回答了公司层面如何推动创新的许多技术性问题。

（二）创新系统多样化

创新系统的多样性包括两条思路：资本主义的多样性（VOC）理论和创新系统的多样性（IS）方法。他们都认为，不同的制度有不同的坐标系统，从而为不同类型的创新提供了有利条件。根据 VOC 理论，不同类型的政治经济是不同的文化、非正式规则和历史的产物。一个组成部分由其他组成部分补充，它们之间的相互联系构成了一个相对完整的系统。系统作为一个整体发展，其核心相对稳定。

基于坐标系统的不同，VOC 理论将发达国家划分为不同类型的政治经济模式，具有各自的比较优势和创新能力。持 VOC 理论的学者断言，在自由市场经济中，激进的创新更有可能发生，因为在自由市场经济中，对裁员的限制较少，劳动力市场高度流动性，使企业能够在一个全新的生产领域进行冒险。拥有巨大权力的管理者可以在不受其他利益相关者太多约束的情况下，就公司战略做出决策。充满活力的风险资本和基于市场的企业间关系有助于有效地批准新的业务和产品。相反，协调的市场经济为诸如土木工程、农业机械、机械元件、材料加工、机床等领域的渐进式创新提供了更有利的环境。与供应商和客户的密切合作，高技术熟练的员工，相对稳定和安全的就业与密切的企业间联系，使增量创新可以发生在开发新产品或改进生产的过程中（Hall & Soskice，2001）。

持 VOC 理论的学者提出，制度决定创新特征。然而，实证研究并未支持这一观点。泰勒所做的研究发现，除了德国和美国，大多数经合组织国家的创新绩效均不符合 VOC 的预测（Taylor，2007 年）。一种可能的解释是，该理论过分强调了制度的凝聚力和稳定性，声称制度可以决定创新的特征。在政府主导技术支持的情况下，无论目标产业表现出何种创新，部分产业领域可能会因为战略干预而逐渐增强。制度惯性在最好的情况下可能是创新活动的条件，而不是决定创新活动的条件。政策或历史偶然因素也会影响创新绩效，创新绩效不一定会对整个制度产生破坏性影响，但对创新系统的形成和变化起着至关重要的作用。VOC 的论点并没有通过过分强调制度稳定性和忽视结构与参与者之间的互动过程来解决这种系统变化的可能性。

与 VOC 方法类似，创新系统理论也强调一个地区（国家）边界内机构的差异，以及企业能够通过其创新网络互联的嵌入性。与 VOC 观点不同，创新系统学者更关注制度演进。他们认为，制度不是一条线性的路径，而是通过那些关键的社会行动者之间复杂的互动过程来影响新技术的发展（Hall & Sockice，2001；Freeman，1987；Lundvall，1992；Edquist & Lundvall，1993；Nelson & Rosenberg，1993，Patel & Pavitt，1994；Metcalfe，1995）。一个国家或地区范围内更大的体系对个体公司和企业家很重要，他们被规则、规范和其他影响社会互动的因素联系在一起。因此，创新是“社会的和动态的” （Lundvall，2000；Freeman，1995）。

制度在创新系统的运作和变化中体现出差异性。例如，尽管第二次世界大战后日本和苏联都在研发方面投入了大量资金，但日本在民用工业方面的表现远远好于苏联。这两种制度的一个不同之处在于，日本工业研发支出的相当大一部分来自民间经济，而苏联的民间研发支出占国民生产总值的比例要低得多。此外，在苏联，基础研究、应用研究和项目设计研究的研究机构的分离导致了薄弱的研究—工业联系和对有效绩效的低激励；企业一级的创新受到阻碍，用户与生产者之间没有联系。这些特征都与日本形成了鲜明对比，日本的研发、生产和技术引进紧密相连、整合良好（Freeman，1987）。

创新系统方法也通过引入技术经济范式的概念来解决急剧的制度变化状态。它认为，技术经济范式的变化是熊彼特式的“创造性破坏”，会对整个经济产生深远的影响。范式转换涉及工业生产在广泛的经济活动中的结构和组织变革。鉴于技术、经济和政治领域力量之间相互作用的复杂性，这些深入的变化可能需要很长时间才能进行体制调整和技术扩散。例如，有研究介绍了新的信息和通信技术带来了范式转变，包括管理结构的变化、大公司的程序、对技术的态度、更有效的更新产品与工艺设计、不同生产环节紧密结合，减少影响大规模标准化的大规模生产和供应商、消费者和研究人员之间日益增长的网络的重要性（Freeman，1987）。

（三）国家发展主义

发展型国家最近成为一个热门话题，其主要焦点在于国家在提高国内创新能力方面的作用，以使后发国家实现赶超战略。国家发展主义可以追溯到格申克伦（Gerschenkron，1962）和李斯特（List，1963）提出的论点。格申克伦和李斯特都声称，国家在赶超型经济体赶上先发经济体的过程中扮演着重要角色。发展中国家应认清现代技术的发展趋势，通过大量的投资，有意识地发展那些最有前途的产业。政府应该使用财政激励，如退税和免税，引导企业引进先进的技术（Chang，2002）。后发国家可以通过扩大经济规模和动员大量资源建设现代技术来缩小与发达国家的差距。

“发展型国家”一词最初是由约翰逊提出的。他系统研究了 20 世纪 70 年代和 80 年代日本经济的成功，指出日本的奇迹在很大程度上是由于其独特的国家资本主义模式，国家坚持把经济建设作为第一要务，建立优先发展制度。为了实现发展目标，国家在公共政策和市场激励之间进行协调，一个有效的官僚结构是至关重要的，约翰逊认为，日本经济产业省（MITI）及其前身通产省，在监督决策过程、促进公共和私营部门之间的合作、确定可能发展的工业和加速选定工业的发展等方面发挥了重要作用。MITI 规模小、运作有凝聚力、有才能的管理人员和人员连续性保证了它有足够的空间来发起和发展、有效和持续地执行政策（Johnson，1982）。

埃文斯将发展型国家的概念加以扩展，包括了国家与企业互动的重要性。他认为，促进国家发展的成功方法是建立一个“嵌入式自治”国家，国家在一开始就应充当“助产士”，以确定国内公司的需要，致力于培育新兴工业部门并协助其增长。当企业发展壮大时，国家就需要将其角色从干预助产转向更多的委托管理。国家不再需要建立激励机制或保护国内企业免受外部竞争，而是要“支持和激励”本土企业面对市场挑战（埃文斯，1995）。

Chibber 补充了 Evans 的工作，指出了有效发展国家的另外两个决定因素：一是国家要有能力。在结构上，国家需要一个运作良好的官僚机构、顺利的机构间协调以及同工业部门的密切联系。国家有权通过暂停资金、信贷和补贴来惩罚未能完成国家指定任务的公司。二是出口导向型战略很重要。出口导向的工业化可以帮助企业提高效率，达到全球质量标准。国家要有激励机制来监督企业的行为，帮助它们生产同时避免掠夺性行为，如与商业行动者建立客户关系（Chibber，2003）。

在全球后福特主义时代，一个不可避免的趋势是刚性的、同质化的大规模生产的下降，以及被称为“第二产业分水岭”的越来越灵活和复杂的工艺生产的兴起（Piore & Sabel，1984）。因此，一种新的模式为发展型国家提供了范例。奥瑞恩认为国家发展网络（DNS）由此发端。DNS 的一个显著特征是国家机构和国家—产业关系错综复杂性。以爱尔兰为例。政府官员在各种不同的国家机构中共享，在他们从公共职位退休后也可能成为企业领导人（Oriain，2007）。这种多重嵌入对于及时的信息流和状态决策非常重要。

综上所述，国家发展主义理论的学者认为，不仅国家是重要的，而且国家治理方式也是重要的。他们关注国家结构、官僚特征、组织组成、干预艺术和嵌入方式。较近的文献也注意到共同进化的特点和历史偶然性的影响。

国家发展主义相关文献强调“战略和制度的政治塑造”（Oriain，2007），政治对制度建设和组织框架产生重要影响。社会结构、国家精英和国内资产阶级、与外国政治和金融力量的关系等都是重要的政治决定因素，它们使国家的战略选择及其结果成为可能并受到多方限制（Oriain，2007）。

国家发展主义通过挑战当时主导发展经济学的新古典主义经济学的观点而获得了自身地位。与华盛顿共识一致，新古典主义经济学家赞同自由化、私有化和放松管制的原则。他们认为良好的经济政策是自由贸易和最小限度政府干预，这些政策的实施也伴随着良好的制度，包括民主、有效和廉洁的官僚制度、独立司法，市场导向的公司治理，保护私有产权，以及发达的金融机构。通过对历史的考察，国家发展主义者认为，世界工业超级大国的强大不是因为这些政策和制度，而是在高关税和蓄意保护新生工业的强大国家支持下发展起来的。

与集群理论相比，国家发展主义在创新驱动要素尚未完全到位的情况下，为国家如何采取战略行动系统地升级本国技术，打造竞争优势提供了答案。它通过将国家作为促进创新能力提升的主要参与者，提供了比各种创新系统（VIS）方法更有针对性的分析框架。与过度强调制度整合或协调调整的 VIS 方法相反，国家发展主义者认为，在立场和背景不同的参与者之间存在持续和有争议的斗争，这是一个有争议的领域，因为制度体系不一定能和谐运作。在一个新兴的工业化国家，国家的作用是至关重要的，可以加快发展步伐，赶上技术领导者，国家决定创新资源的分配、基础设施的建设，采用符合市场的策略，鼓励创业计划，创造以创新为导向的环境。

（四）竞争性解释的不足

1. 对集群理论的讨论

集群理论只解释了制度对创新的部分影响。制度之所以重要，不仅因为它使人与人之间能够通过各种人际关系进行互动，也因为它提供了不断适应和调整的机制。除了集群的范围之外，集群企业和网络还被嵌入更大的环境中，这可能会显著影响集群的性质并引发变化。集群不是一个封闭的系统，而是一个允许外界刺激的半开放系统。政策工具、新来者、法律框架的改变或政治改革都会扰乱集群内的商业生态平衡。上述因素可能是集群的外部因素，但对集群的运行有重要影响。外力可能会中断自组织的运作，影响集群的性质，加速或减慢其发展步伐甚至改变其方向。

而且，这种方法的研究还没有在微观交互层次上考察不同网络的性质。网络根植于各种机构之中，受到权力和资源的制约。在许多情况下，由网络关系连接的人之间的关系是不平等的，这导致网络的功能和可用性是不同的。此外，企业家网络并不总能产生技术创新。正如萨克森安所承认的，教育投资不足，或者教育不是为了促进本土创新而是为了吸引外国直接投资，或者缺乏政治稳定性来吸引海外族裔企业家等，都是阻碍善于发现机会的企业家（New Argonauts）为自己祖国发展做出贡献的障碍（Saxenian，2007）。集群理论没有充分讨论外部扰动的机制及其对集群的影响，这需要一个超越集群的视角来仔细考察其宏观结构安排。

集群理论也没有充分讨论国家的角色。它认为政府应该保持最低限度的干预，通过讨论“政府的努力最好以间接的方式介入”（Porter，1990），集群理论家坚持认为，政府本身不应该是市场参与者，只应该在影响国家（地区）竞争力的决定因素方面起非主导作用。但是，集群分析的理论家没有充分研究政府采取的那些“间接”步骤如何影响创造国家（区域）竞争优势的直接决定因素的具体工作机制，也没有回答产业是如何从投资驱动阶段向创新驱动阶段转移的（创新驱动阶段是指集群中所有决定因素都充分成熟的状态）。在没有解决集群形成过程的情况下，集群理论无法给出有说服力的答案，例如国家如何培育创新要素，产生复杂需求并建立支持性创新基础设施，尤其是：为什么国家采取的某些战略步骤成功而其他失败？

2. 对创新系统理论的讨论

资本主义的多样性（VOC）和创新系统方法都想提供有关创新决定因素的综合论据，建立了包括国家计划和产业集群在内的分析框架。学者们认为，企业采取的行动受宏观经济结构的制约。从经验上讲，他们不仅研究了劳资关系和产业之间的联系，而且研究了研发投入和产出、教育基础设施、商业环境、与创新有关的政府组织和发展。此外，他们还强调特定机构内的协同进化功能（例如经合发组织关于若干国家创新制度的系列出版物），以技术经济范式的思想包括对制度变迁和多重结构安排转变的讨论，强调不同社会行动者之间的相互作用，反映了一种动态的制度构建观。

然而，与资本主义多样性方法一样，创新系统理论缺乏对系统内聚性的关注，对制度差异性关注也不多。虽然该理论在考察范式转移机制和人与人之间互动过程的动态性时确实讨论了制度变迁，但它强调了适应的一致性和结构优化的结果，而对系统碎片化的研究却很少。当将系统创新方法应用于实证研究时，这种缺陷是明显的。当前，大多数研究倾向于呈现定量数据，并在非常抽象的水平上介绍创新机构的演进过程。很少有研究关注实际的决策和执行过程。在实践中，考虑到制度运行的复杂性，在某些情况下，某些区域子系统的运行逻辑与整个国家模式不同，甚至相冲突（Crouch，2009）。它们是更大的体制环境的组成部分，但不一定完全受其国家框架的限制。当制度变迁不是平稳过渡的结果，而是不同的制度参与者通过占据不同位置而拥有不同权力资源的有争议的斗争时（Fligstein & McAdam，2009），创新系统就会进化。创新系统理论对这一复杂过程没有给予足够重视，使创新系统无法用来全面了解制度运行的全貌。

此外，各种创新制度方法都试图对创新进行全方位论证，它们的框架中包含的要素范围过于宽泛，几乎所有的变量都是同等重要的。这一论点没有把重点放在可能是决定创新系统性质的一些主要组成部分上。例如，当一个国家非常落后时，国家所扮演的角色是特别重要的，政府甚至可以塑造企业集群和制度框架，尽管有时企业和制度也可以影响政治。国家在许多情况下对企业集群和制度框架具有决定性影响，因为它有丰富的政治机动空间、多种政策工具和大量资源可以调动。但是各种各样的创新方法都未能识别出这些重要的强大因素中的一个或几个。

3. 对国家发展主义理论的讨论

国家发展主义的方法与前两种方法相反，强调国家创新和发展战略的作用，但这种方法过于宏观，缺乏对发展中国家多级政府纵向和横向的考察。同时，在许多情况下，国家政策并不像人们想象的那样连贯，即使它似乎不断地制定一致的政策和追求战略目标，当人们回顾并随后审查发展过程时发现：国家的不同部分实际上可能朝着不同的方向工作，每个部分都以独特的方式嵌入社会中。此外，国家内部有许多管理部门分散决策。在一个国家所观察到的国家与产业之间的关系，与其说是完全事先计划好的，不如说是一个共同进化的过程，因此，要确定最佳的单一发展模型似乎是不准确的。国家在产业发展战略上有多种选择，只有一种选择在某一时期可能会影响其随后的一系列选择，从而使一条发展道路逐渐到位。因此，在不同的制度背景下，更有理由期待国家—产业关系多样性和多种发展模式，每个都有其独特的优势和劣势（Breznitz，2007）。可见，现有的政府介入创新治理理论在解释创新政策方面仍然存在局限性。

二、中国创新成就及其治理逻辑的再反思

学术界对中国在创新治理领域取得的成功进行了大量研究，很多学者倾向于从中央和地方政府互动维度解读这些成绩，影响力较大的包括中国“制度情境”“自下而上”“创新系统”和“自上而下”四种观点，但他们并不能有效解释中国创新治理的全貌。

（一）中国创新发展与制度情景

从制度角度解释中国创新发展的研究通常分为两类。有一种观点认为，中国正在经历一场自下而上的结构性改革，技术创新主要来自于企业家之间的网络联系。“自下而上”的观点认为，创新来自于面临激烈市场竞争的企业家。他们通过相互之间的互动，或从供应商、客户或合作者那里产生创新的想法。从这些非正式的和个性化的网络中，他们学习最新的技术知识、保护他们的核心技术不受侵犯的方法，建立相互信任、义务、期望和他们的声誉（Beardsell & Henderson，1999；Fan & Scott，2003）。Nee 和 Opper 发现，政治资本不再是影响企业绩效或企业创新计划的主要因素。他们得出结论：中国正经历着自下而上的创新热潮（Nee & Opper，2011）。

另一种观点是结构不确定性观点，指出了中国政治制度的内在缺陷。相关研究人员认为，一方面，中国中央政府的部门权利分割严重，充满了结构性不确定性，法律环境薄弱，部门间协调能力差，没有长期的可操作计划（Yang，Motohashi & Chen，2009）；另一方面，它具有相当大的地区多样性，如果地方政府有能力，地区可以实现一定程度的令人印象深刻的治理成效（Hu，2007）。例如，在对中国创新特征的研究中，Breznitz 和 Murphree（2010）得出结论，结构性的不确定性只会使中国的次生创新繁荣。然而，在高度自治的情况下，不同的地区可能会采取不同的方式来发展当地的高科技产业，这仍然有助于中国在全球市场上保持其“红皇后”（Red Queen）的地位。Segal（2010）指出，由于发展

目标不明确、缺乏顶尖的科学家和工程师、创业积极性有限、知识产权等市场环境监管不力，包括中国在内的亚洲新兴经济体不太可能赶上美国，也不太可能在软实力上与美国匹敌。同样，Steinfeld（2004）认为，由于缺乏领导一个行业所必需的生产技能、技术和管理知识，中国企业只能浅浅地融入全球生产网络。这种缺陷源于非正式的、分散的政治改革，两者都导致了低信任度、模糊性、本地化、政府干预不当和产业政策失败等问题，阻碍了企业学习最先进的模式。因此，中国企业创新面临巨大的制度障碍。同时，中国的中央体制受到计划经济体制的影响，缺乏协调使它无法单纯依靠“自上而下”走上改革的道路。如果任何国家机关采取任何步骤，它就可能因为涉及根深蒂固且相互冲突的部门利益而夭折。因此，在改革过程中，中国常常依靠地方政府根据当地的社会环境采取行动，创造自己的路径来提升创新能力。

尽管它们提供了有价值的见解，但当前关于机构治理文献中的创新系统仍然存在一些缺陷。在 Nee 和 Opper 的描述中，是企业主导了商业集群、商业规范、产权和法制的形成。政府不仅在这一过程中没有发挥特别作用，甚至阻碍了为私营企业建立受管制市场的进程。在许多情况下，只有当产业集群形成良好并对该地区经济增长做出重大贡献时，政府才表示支持。

事实上，在制度变迁的过程中，政府被动地响应企业的倡议，建立法律和监管结构来正式承认企业的做法。规章制度往往滞后于实际行为，特别是在制度转型时期，新制度还没有很好地建立起来，现有制度还可能发生变化。然而，这并不能证明中国的改革是单纯基层推动的模式，中央政府只是在事后才正式批准某些举措的合法性。地方范围内可能存在多种类型的实验，但正是政府确立了有利于某些行动而不是其他行动的合法框架，并逐渐将一般环境改变为鼓励某些实践，同时又打击其他实践。

政府不仅认可已经存在的行动，而且还发起变革，因为有些做法可能在社会上并不普遍。例如，中国长期以来一直受到人才流失的困扰。近年来，由于政府实施“千人计划”提供优惠政策，大量具备优秀科技知识和专业技能的海外人才回国；许多地方政府提供各种金融工具，推动科技型中小企业蓬勃发展。这在 20 世纪 90 年代是难以想象的，当时国内中小企业生存艰难，它们相互竞争，都想成为中国市场上的外国品牌代理商。

此外，政府除了制定和实施改变制度环境的政策外，还积极帮助企业满足需求。由于政策框架的模糊性和不断变化的特点，企业家通常无法很好地了解他们有资格享受的福利、政策支持和潜在的融资机会。政府通常会提供更新后的有用的工业和政策信息，帮助他们申请省级和国家级资助计划或税收优惠，组织沙龙或博览会促进科技公司之间的信息流（Sternberg，1996；Park，2001；Fan & Scott，2003；Etzkowitz & Klofsten，2005；Hu，2007），政府的所有这些努力都有助于改善制度环境和改变总体框架，而不是基于裙带关系和个人网络（关系）的庇护关系。Opper 和 Nee 指出关系网络在中国许多地区的使用率下降，但是他们没有指出，企业家在市场体系中发挥更大作用在很大程度上是由于地方政府的功绩，其目的是致力于创造一个更好的创新体制环境。

关于结构性不确定性的研究并没有充分论述制度变迁，虽然结构性不确定性论证注意到了当前中国政治环境的约束，但它倾向于把中国当前的创新能力作为一个长期的预测，而不是解决技术升级的过程。这一逻辑存在缺陷，因为大多数后发国家都是从低附加值、低成本和劳动密集型生产开始走上发展道路的。它们在代工（OEM）型创新方面的能力，并不意味着它们未来将局限于低端技术。中国成功的赶超案例给后发国家带来了很大希望，从模仿先进技术开始，逐步推进自主创新，中国四十多年的创新绩效证实了这点。

在当前的发展阶段，中国确实面临着很大的结构性不确定性，这是由于法律和监管框架的不发达造成的。然而，这一问题在其他处于起步阶段的发展中国家相当普遍。韩国、新加坡或其他新兴工业化国家在其发展议程的最初几年也面临同样问题。问题是“……官僚主义的成功不需要国家机器的全面革新，只需要那些对有效的经济决策最关键的部分”（Evans，1998）。因此，可能会出现一些起作用的官僚结构从分散的机构中浮现出来，并可能在政策实施中逐渐发挥影响力。

结构性不确定性模型未能观察到中国政治制度的不断演进过程。中国目前的政治安排包含了相当多的计划经济的产物，官僚主义的分裂和法律上的模糊很普遍。在过去的四十多年中，中国的整体体系逐步得到改善，从政府掌控所有资源并将其分配给国有企业和公共部门的社会，转变到相对分权的社会。在这个相对分散的社会中，企业、大学、研究机构和地方政府得到了更多的权力，导致法律法规环境的改善，政产学研紧密合作以及民营企业在研发投资中发挥重要作用。在这一过程中，中国克服了现有机构间诸多障碍，通过越来越多部门之间的联合努力改变总体框架。

以往研究更多地强调结构约束而非制度变迁。中国过去四十多年在创新方面取得的巨大进步，在很大程度上归功于政府（尤其是多层政府）的改革。虽然中国在技术、制度效率、透明度等方面仍落后于世界先进国家，但渐进主义仍然是中国制度变革、技术升级的重要手段，在避免突然的政治动荡或社会动荡方面发挥着重要作用。当前研究倾向于在变化的过程中解决问题，而不是囿于当前的局限性来预测中国的创新能力，这可能无法理解正在进行的改革和中国政治制度的灵活性。

（二）“自下而上”观点

“自下而上”的观点认为，中国的创新繁荣在很大程度上是由企业家推动的。这种观点实际上与集群理论是一致的，认为通过相互之间不断的互动，通过前后链接联系起来的企业家可以调整其业务战略，开发新技术以及时响应市场需求，即企业的自组织效应。例如，尼和奥珀（Nee & Opper）通过对长三角地区企业家的调查得出结论，中国的创新主要是由有创新激励措施的企业家来驱动的（Nee & Opper，2010）。类似地，王（Wang）提出了“创新集群”的概念，指的是创新实体之间包含大量正式和非正式通信的复杂人际网络，（人与组织）从事市场活动。她认为，提升中国创新能力的关键是加强这些创新实体之间的合作（Wang，2012）。张（Zhang）和加拉格尔（Gallagher）认为，企业间和企业内部的相互作用和网络，以及构成全球价值链的生产过程，有助于中国太阳能光伏产业的技术升级。它是通过持续的人才流动、知识交流，以及不同群体之间的互动反馈，这些都是技术从全球领导者向追随者传递的过程。但他们也承认，如果中央和地方政府不提供政策和财政帮助，这种转移是不可能发生的（Zhang & Gallagher，2016）。王（Wang）和吴（Wu）认为，中国本土企业能够从 FDI 技术溢出中受益，这是由于集群内的地理邻近。横向和跨部门的溢出更可能发生在劳动力流动密切的公司之间（Wang & Wu，2016）。

中国企业的发展符合这种说法。一些成功的企业，如联想、方正、华为、中兴等，都是从市场竞争中崛起的，这得益于它们根据客户需求不断进行技术升级，正是技术优势使他们从竞争对手中脱颖而出，创新成为企业发展的合理动力。但如果我们更仔细地观察真实情况，这一论点就不能完全解释中国的情况。20 世纪 90 年代中期以前，自主创新很少见，大多数中小企业只是依靠贸易或对外国技术的小范围适应来生存，虽然很多自称是“高科技公司”，但实际上很少自己开发技术。原因很简单：中小企业缺乏投资高风险、技术复杂、成功机会不确定或市场回报不确定的能力，大企业在研发投资上也很吝啬。1998 年，华为技术有限公司的创始人任正非曾说：“我们不应该把钱花在那些花哨的技术上。”在 20 世纪 90 年代和 21 世纪初，模仿是中国高科技市场最流行的现象。国内企业甚至那些知名企业的大多数产品，很大程度上都是采用外国技术的模仿产品。直到 21 世纪中期，中国政府通过有效的反盗版实施知识产权保护，同时制定了灵活金融政策鼓励自主创新，大量投资研发和高技术中小企业才开始蓬勃发展。

在中国创新治理过程中，虽然少数成功的企业是通过提升技术竞争优势取得进步的，但这并不能反映中国企业界的全貌。一般而言，中国企业集群在市场竞争中不会通过自我进化调整来实现技术升级。相反，正是政府制定了打击盗版、实现融资灵活性和鼓励自主创新的政策，使企业不再像以前那样面临技术模仿利润丰厚的“福利陷阱”和技术创新资金短缺的“发展困境”，能够凭借雄心勃勃的创新想法实现跨越发展，而不是谨慎地交易和复制成熟技术来积累资金。

自下而上的争论也质疑中国政府将企业提升为全球竞争者的能力（Nee & Opper，2010）。这个问题是合理的，政府无法促进特定企业因为国家行动者总是弱于市场参与者的知识竞争、商业策略、管理和营销。但政府在一般技术进步中确实发挥了重要作用。由于政府努力与外国公司谈判，早期的技术转让来自外国跨国公司和国内合资企业，虽然这些国家控制的合资企业无法保持它们的竞争力，但在那个时期，其技术仍然是先进的，使许多国内企业受益。

政府不仅可以帮助技术升级，还可以培育商业集群。在中国，早期的企业集群大多不是由一群自愿创业的企业家组成，而是由国家行动者通过招商引资而形成的。这在高科技领域尤其普遍，因为大多数公司都设在科技园区，在许多科技园区，管理人员都制作了关于招商引资的工作手册，包括确定集群发展方向、评估业务质量、考虑向后和向前的环节，使企业可以形成业务链，而不是形式上聚集在一起而实际上相互隔离。在某些情况下，政策可以改变环境，从而改变商业集群的性质。

（三）“创新系统”观点

也有学者试图将中国创新的成功归结为中国创新系统的完善，认为是一系列社会因素构成了中国独特的创新和技术升级体系。这一观点与创新系统理论是一致的。基于这一理论，“由法律、社会规则、文化规范、惯例、习惯、技术标准等构成的制度环境”（Lundvall，2000）在发展特定的创新系统和形成一个国家的竞争优势方面至关重要。这些因素包括宏观调控环境、教育和培训体系、产品市场条件、通信基础设施和要素市场条件（经合组织，1999）

在《中国的下一个战略优势》一书中，从模仿到创新，叶（Yip）和麦肯恩（McKern）认为，中国日益增长的创新能力是由于其国家创新系统（NIS），包括“持续和不断增长的投资创新，加强主要研究机构和 100 强大学，符合国家重点资助商业研究，推动外国技术转移，对知识产权制度保护和渐进改革”。黄（Huang）等人在对中国太阳能光伏产业崛起的研究中认为，技术创新系统有助于中国光伏技术的升级。技术创新系统包括知识创造、过程学习、国有技术制造、技术引进、搜索指导、技术输出、全球指导等要素（Huang et al.，2016）。另一项关于中国太阳能热水器技术的研究认为，参与者、制度和政策工具共同构建了山东省太阳能热水器技术创新系统。关键的企业、大学、中央和地方政府机构以及行业协会有助于知识的发展和扩散、更明确的研究方向、创业试验、市场形成和资源流动，这些对可再生能源领域的创新非常重要（Goess et al.，2015）。

创新系统理论之所以流行，是因为其认为创新是一个复杂的社会互动过程，有许多不可预测的可能性。但是，如果我们考察中国创新能力的实际决定因素，这种观点就不适合中国的情况。在所有的影响因素中，大量的创新治理案例研究表明，政府行为对技术升级起着决定性的作用，政府的行动可以弥补教育和文化等其他资源的不足。

创新系统论证的另一个缺陷在于它的系统一致假设。它过于强调系统的整体性，而没有考察系统演化过程中的不一致性。中国市场化转型初期（20 世纪 80 年代至 90 年代），商界呈现出明显的碎片化特征，国有企业和私营企业在不同的制度下运作。国有企业仍处于计划经济体制下，不尊重市场原则，听命于政治官员。在石油、电力、建筑和化学等关键行业，它们在没有任何市场竞争压力的情况下，占据了 80% 以上的市场份额。在许多情况下，国有企业的管理者无权决定并购、采购、技术转让和市场营销等事宜。他们只是听从上级政府机关的命令，而不考虑市场的需要，没有足够的创新动力来应对生存压力。相比之下，私营企业从一开始就在市场竞争中挣扎，最关心的是通过增加市场份额求得生存和发展，尽管在很多情况下，由于缺乏正式的制度支持，他们需要从政府那里寻求保护。私营企业具有技术优势，尽管大多数只是依靠技术模仿来生存，金融支持短缺。由于所有制的不同，这一时期的中国商界实际上是在不同的创新体制下运作的，国有企业生活在计划经济体制下，私营企业生活在市场经济体制下。正是由于国家政策变化所带来的政府政策和调控环境的变化，才使得国有企业与私营企业的制度环境差异缩小，二者都在市场体系中竞争。创新系统理论没有涉及太多的制度不协调问题，也没有考虑到国家行为可以改变创新系统本质这一事实。

（四）“自上而下”观点

一些学者注意到中国国家在促进创新方面的重要性，但将中国创新发展的成功仅仅归功于中央政府，而不是中央和地方政府的共同努力，这是“自上而下”的观点。他们认为，中央政府掌握着发展方向，推进商业环境、市场监管和创新刺激的整体变化。郭（Guo）等认为，由中央政府研发项目资助的企业在技术和商业化创新方面比没有国家研发项目支持的企业表现更好（Guo，2016）。黄和吴的研究认为，中国纳米技术的重大成就归功于国家公共研究机构在基础研究方面的快速进展（黄和吴，2011）。在 2001 年国家纳米技术发展战略颁布后，中央政府增加了对纳米技术研发的公共投资，中国纳米技术创新主要是由公立大学和研究机构推动的，不是由行业或市场力量驱动的（Huang & Wu，2011）。

2006 年《国家中长期科学和技术发展规划》（NPMLT）出台之前，整体商业环境对自主创新不利，地方政府仍然普遍坚持以 GDP 为导向的理念，致力于吸引外国跨国公司来增加税收基础，直到中央政府制定了 NPMLT 及其补充政策，各区域才开始改变商业吸引战略，竞争执行那些鼓励创新的政策。

在一个单一制国家，中央政府有很大权力来约束地方政府，让其执行中央命令，中央政策变化会影响社会经济环境，从而改变特定地方的商业环境。这种自上而下的方法忽视了地方政府的重要性，中央政策大多是模糊和抽象的，主要由鼓励未来发展方向的指导原则组成，地方政府根据自身区域情况实施这些原则。

此外，在转型时期，现行的计划经济体制规则与预期的市场化改革政策存在冲突。地方政府往往使用柔性手段和非正式的自适应策略来满足部分与中央明确规则背道而驰的自身需求，向上级报告当地实际问题，引起中央政府的注意，从而调整改善顶层设计规则。

中国没有西方国家的权利制衡设计，政策制定没有经过不同行政机构的长期、广泛的讨论或辩论。为了避免由于政策不成熟而造成的问题在全国范围内出现，中国中央政府通常会选择特定地区先行试验某些政策；或者让特定地区制定他们希望的政策，只要这些政策能满足当地发展。然后，成功的政策和做法被广泛地介绍到其他地方。这说明在很多情况下，只有地方政府才能从实践中探索出一真正可行的发展道路，中国的创新发展应该归功于中央和地方政府的共同努力，这种实验主义做法逐步成为21世纪中国创新治理的重要优化途径。

三、实验主义理论与中国创新治理优化

随着知识社会的到来，人们日益深刻认识到新兴技术，特别是普遍的横向技术对经济和社会的深远影响（Langenhove，2002）。但是，创新不确定性意味着，决策者如果没有明确认识到哪种技术发展途径更有可能产生最大的经济和社会产出，那么制定成功的创新战略可能是一项艰巨的任务（Martin & Irine，1989；Leydesdorff，2014）。为了克服这一困难，决策者越来越多地利用实验主义治理的方法来制定科学和技术政策，从而通过加强长期的，面向未来的方法来提高决策质量（Clar，2001；Etzkowitz，2009）。

面对创新的非线性过程和不确定性，在实践中，中国政府调整治理思维和治理方式，鼓励企业和大学加强合作，以满足不断增长的市场需求。政府兴建孵化

器平台、科技合作平台、政—学研究院、国有高技术企业等混合型组织，成立高新技术开发区、创新型试点城市、自主创新试验区等一批区域创新试点平台（周志霞，2013；徐珏，2014；于丽英，2017），通过“干中学”（learning by doing）的方式逐步推进创新实验。中国政府试图以“试点—筛选—扩散”的政策实验方式，在各级政府和创新主体间，通过渐进式、协同式、往复性的多层次多维度互动形成信息网络，强化创新主体正反馈过程。通过实验来检验自身政策效果，并决策是否强化或矫正政策工具。这种实验主义治理的方式为政府提升创新能力实现多元创新目标提供了优化途径。

（一）实验主义治理概念与机制

在行政过程中，传统的科层治理“命令—控制”型规制强调自上而下的权力传递与监督过程，往往无法适应当今社会经济环境的日益增长的变动性和不确定性（Dixon & Dogan，2002；Bel & Warner，2008；Denhardt & Denhardt，2011；）。基于西方发达国家的政策实践，理论界提出了实验主义治理的理论框架（Sabel& Zeitlin，2010；Eckert & Brzel，2012；Enroth，2014；Abbott，Green & Keohane，2016）。实验主义治理的概念已在治理理论和实践中迅速发展。它的起源可以追溯到著名的社会改革家，例如约翰·杜威（John Dewey，1927）和唐纳德·坎贝尔（Donald Campbell，1969）。他们认为，治理工具应被视为具有可塑性和弹性的干预措施，而非传统理解上的固定计划。他们认为，实验的设计应旨在解决一个特定的社会问题，最好限定在特定地方范围内；应该对它们的后果和结果进行跟踪，监视和评估；并且应根据汲取的经验教训对它们进行调整，修改，淘汰或扩大适用规模。这种实验主义的治理模式能够响应并适应其特定的本地环境，可能比传统的“一刀切”的工具更为有效。

自从杜威（Dewey）和坎贝尔（Campbell）的开创性工作以来，人们对使“良好”实验的认识已经扩展。现在，实验主义治理学者认为，广泛的行动者（治理者和被治理者）应参与实验治理工具的开发。通过这种协作方法，可以将被治理者的默认知识包括在政策实验的设计中，进一步提高政策实验（本地）有效性（Burca，2010；Sabel & Zeitlin，2011）。此外，这些学者认为，应该在基于共识的决策过程中开发和实施政策工具。这可能会提高这些实验模式的合法性，降低政策实验的外部成本（Borzel，2012；Davis，2011）。最后，学者们主张比传统的政府主导的直接干预（例如监管、补贴和税收）更广泛的治理手段。通过包含基于市场的方法和激励措施（例如基准测试，信息共享和媒体关注），可以开发高度本地化的实验主义治理工具，这些措施对于本地参与者有重要意义（Evans，2011；Heiden，2004）。总体而言，实验主义本质上是一种递归决策，暨，多个公共行动主体为达成某种政策目标，在统一的框架下分散决策、彼此互动，在不断的评估中相互学习，并根据自身的环境及条件修正各自的行动方案（Sabel & Zeitlin，2010；Overdevest，2014）。

传统的政策执行理论强调自上而下的权力传递与监督过程。地方政府的一线自由裁量权受到限制。相反，实验主义治理采用了横向的学习和问责结构，将地方当局的表现放在更为立体的框架之下，不单受到中央的纵向监督，而且接受相互监督与同行评议（Cohen & Sabel，1997；Sabel & Zeitlin，2008，2012）。概括来讲，“共同学习”是实验主义治理中协调各方的合作行动核心手段（Sabel & Zeitlin，2012）。实验主义治理下的“共同学习”包括四大要素：行动者共同制定的广泛的框架目标，更低层级获得较大自由裁量权，横向间的定期报告与评估，以及不断修订框架目标（Eckert & Burca，2012）。实验主义治理框架下，行动中的个人或集体被赋予了挑战权威的能力和权利，其核心在于“改变现状”（Sabel & Simon，2004）。先前有很多文献研究了欧盟和全球治理背景下的实验主义治理（Burca，2014；Campvell-Verduyn & Porter，2014；Sabel & Zeitlin，2010）。

很多学者强调政策背景对实验主义治理的巨大影响。实验主义治理体系在不同政治背景的国家出现可以被视为对两种普遍问题的回应（Sabel & Zeitlin，2010）。对第一个问题的回应尝试解决战略不确定性（或政策目标模糊性），这些往往涉及复杂的政策问题，这些问题本身并没有表现出可以通过等级制度、市场或其他方式解决的能力。例如贫困、国际金融风险、气候变化、住房、种族歧视、食品安全、避税天堂、失业等（Clar，2001；Etzkowitz，2009）。第二个背景条件是治理行动者间的相互依存。更具体地说，这涉及管理相互依存的必要性，即不同的监管体制在不同程度上相互影响，造成外部性，引起冲突，或妨碍交易或个人流动（Nelson，2013；Mathews，2016）。参见表2-1。

表 2-1 实验主义治理理论

	主体关系	运作模式	核心机制	赋权模式	评估手段
实验主义治理理论	地方政府间横向关系	实验—扩散	共同学习	基层赋权	横向同行评议

（二）实验主义创新治理与创新主体

创新治理是政府对创新活动的干预，而创新政策是创新治理的关键内容。在创新政策制定过程中，实验主义通常被视为一种参与式方法，在建构长期挑战的共同愿景的过程中聚集不同类型的参与者（Leydesdorff，2013；Granstrand，2000），通过协商程序来确保政策制定者与相关行为者之间反馈渠道，从而引发能够长期满足公共目标和需求的多元对话，促进战略协调（Malerba，1997；Karastelev，2016）。政府行动者可以通过实验主义方法催化创新主体的不同行动者的网络交互，从而使他们进行对话并共享共同的创新空间，以便对未来目标进行开放式思考（Jakubowkiy，2012）。创新主体通过具体的实验来检验各种政策工具有效性，呼吁不同背景的利益相关者（来自学术界、政府、企业和创新供给需求各方）的参与，产生沟通、互动和关系叠加，将不同观点融入决策和评估过程。政策制定不再是自上而下的方法，相反，它越来越受到来自底层的创造性思想和建立共识的多边交叉过程的影响（Breschi，2002；Sahal，1985；Campbell & Carayannis，2010）。

创新主体理论将大学、产业、政府看作是平等的合作伙伴，三方形成的“混合型组织”更类似于“自组织”。但是在广大发展中国家，这种创新的自组织机制并未充分完善。发展中国家的创新主体之中必有一个主体居于主导地位，起主导作用，也就是“被（他）组织” （Stankiewitz，1991；Campbell & Mode，2009）。这个居于主导地位的主体往往就是发展中国家的各级政府。理论研究和现实表明，政府在前台更好地发挥作用，这既符合发展中国家的实际，也体现了政府在三方合作中能够制定政策、规章和掌握资金等方面的优势（胡浩民，2010；李思思，2013；向安强，2016）。然而在不确定性条件下，政府通过实验主义的方法探索自身和各创新主体之间的互动关系，协调各主体运行机制、目标和价值取向的差异，从而形成共识，以渐进协调和递归纠错的方式厘清政策工具，从而确定自身边界并更好发挥政府作用。

（三）中国实验主义创新治理研究

相比其他国家，中国政府关注经济增长，长期以来通过多样化的政策实验推动中国经济持续发展（Coase & Wang，2013；Woo，1999；North，1990；张五常，2009）。学术界对中国“试点—筛选—扩散”型政策过程开展了大量研究，部分学者从分权角度，如“市场维护型联邦主义”“地区分权威权主义”“财政联邦制”（Montinola & Qian，1995；Xu，2011）来解释中国政策实验的独特机制。另一部分学者从集权角度，如“行政发包制”“项目制”“层级制下的政策实验”“吸纳—辐射式政策实验”将中国式政策实验的成功归结为强有力的中央权威（Heilmann，2008；周黎安，2014；马亮，2011；周望，2011；靳亮和陈世香，2017）。有学者认为不同的战略治理理念通过选定地方试点来检验政策有效性（Cai & Treisman，2006）。在政策实验与扩散动力机制上，很多学者从中国官员任命制度，压力响应体制和官员晋升激励的角度来探讨中央与地方的互动关系（Kung & Chen，2011；Choi，2012；Shih，2012；周黎安，2004，周飞舟，2009；陶然，2010）。也有学者用实验主义治理框架来解释中国的“试点—筛选—扩散”型政策过程，从央地关系和政策目标与政策工具模糊性等多个视角探讨中国情境下的实验主义治理框架（Heilmann，2008；Zhu，2017;）。一些学者认为，从1949年到1978年改革开放前，这种中央与地方相互作用以制定政策的实验主义治理方法也大量存在（Heilmann & Perry，2011）。有些研究甚至将这种方法追溯到1949年前的革命经验（Heilmann，2008）。

中国实验主义创新治理治理的动力机制层面，中国政策的决策过程明显区别于西方国家。在内部动机上，中国政府决策过程缺乏西方官员基于政治周期和竞选压力的动力机制，很多学者认为权威下的中央政府并不存在无限的决策空间，他们尤其关注经济政策，试图通过有效促进经济增长的政策来展示制度优越性和政治合法性（Montinola & Qian，1995；Xu，2011）。在中国，民众虽然很少通过直接投票向地方政府展示公共偏好，但在各地方政府彼此竞争的环境下，随着社会开放程度和流动性的增加，稀缺的经济、社会和创新资源通过“用脚投票”（Tiebou，1956；Hirschman，Voice & Loyalty，1970；Laycock，2009；Oberman，2013）的机制不停流动，这些来自社会的竞争压力与来自中央的绩效考核相结合，地方官员政策决策的逻辑更为复杂，他们不仅需要在财政约束下通过政策创新来回应民众对经济发展的诉求，还要考虑上级权威对自身政策实验的认可。

（四）市场化转型后政府“试点—筛选—扩散”型政策实验研究

继承了计划经济的很多问题，庞大且复杂的中国官僚结构在改革开放后面临着市场化改革需要与治理转型的的双重挑战。直到 2005 年前后，中央政府启动了几轮组织体制改革，这个问题一直很突出（Zheng，2010）。在此之前，职责和权力界限是模糊的，各部门之间、各部之间以及国家和地方组织之间不断变化。这就产生了“结构性不确定性”的问题，国家行动者有时不确定他们负责的是什么。社会行动者不清楚哪个组织有什么权力。碎片化的国家结构阻碍了中央层面的发展目标凝聚路径，制约了国家走“上升式”发展道路实现发展目标。

有研究称，目前中国中央和地方政府之间的关系是“事实上的联邦制”。中央政府拥有人员任命、晋升和拆迁的权力，而地方官员在预算分配、政策制定和执行方面有相当大的自主权（郑永年，2007）。1979 年，中国启动经济改革后，一系列的分权改革措施赋予地方政府越来越大的权力。地方官员享有相当大的区域管理自治权。中央对地方政府的控制方式主要有两种：一是通过广泛而高度集中的干部管理体制掌握人事任命权；二是利用地方竞争的机制来加强他们的操纵权威。中央和地方官员代表着一种“相互问责”的关系（Shirk，1993）。另一方面，地方官员依靠中央的认可在政治等级中前进。因此，中央官员通过提升政治晋升的激励来获得地方支持（郑永年，2007）

很多学者认为，这种事实上的联邦制结构有以下四个特点：（1）各级政治行政机构都有自己的权力范围；（2）中央和地方官员相互依赖；（3）中央给予地方相当程度的自治权，各省可以采取一些不是由中央采取的改革步骤，中央保持灵活性以适应变化；（4）权力等级制度确立了地方对中央的从属地位，决定了地方不能过多地违反中央的既定框架。这种权力安排保证了当前政治结构的再生产（郑永年，2007）。

这种实验主义的治理逻辑也适用于创新系统。中央制定创新政策指导意见，选择区域作为创新试验区实施这些政策。地方政府可以灵活选择大量政策工具，也可以采取主动取得成就，但必须与中央政府设定的目标保持一致。地方政绩受中央的监督、指导和评价，决定了地方领导人的政治前途。

经过几十年的改革，中国已明显脱离了过去的计划经济。中央政府政府给予地方相当大的自治权，使地方行政人员能够在自己的领域内进行机构改革，以展示更好的治理，并解决具有挑战性的社会问题。地方通常被授予某种“实验区”的称号，地方行政部门因此能够在其领域内进行大胆的制度改革和政策创新。地方一级的成功经验通常由中央领导人和决策者采用。但中央政府不会允许地方领导人不受限制地冒险。中央保留任命、提拔和惩罚地方领导人的权力，以确保地方改革者与国家的目标和优先事项保持一致（Heilmann，2009；Zheng，1999）。这种“等级制度的阴影”（Heilmann，2008）成为了达摩克利斯之剑，用来控制地方先驱者采取创新实验的同时遵从高层意志。

海尔曼（Heilmann）将中国的试点模式概括为“层级实验”。在该框架下，中央政府确定政策目标和政策工具，在明确赋权范围的基础上筛选地方试点政策，地方政府通过游说高层决策者使本地政策实验获得合法性授权，一旦地方政策实验与中央偏好的政策优先顺序一致，中央政府将推广地方试点经验并以政策制定和立法的形式将地方试点政策知识正规化。“层级实验”框架假定国家政策的转变是由行政部门层级之间的纵向和横向政策互动所驱动的，其实验周期分为9个步骤，旨在捕捉地方和国家决策者之间正式与非正式、选择性和适应性的互动。

表2－2展示了中国层级实验如何促进国家创新能力的解释链。中央政府根据地方需求，对地方政府进行指导和反馈，推动制度环境向创新环境转变。我们承认海尔曼的层次实验是中国实验主义创新治理治理的一种形式，其问题在于，层次实验模式过于单一，它假定中央政府提前制定了清晰的政策目标和政策工具，并为地方实验规定了明确的授权范围。在实践中，中国实验主义创新治理路径更为复杂，中央政府常常在未决的政策目标下授权地方政府实验多样化的政策工具。作为一个转型国家，中央政府也常常通过大量指示性、非强制性的政策倡议给予特定政策实验更为模糊的目标，从而拓宽地方政府实验边界，回避不必要的政治争论。

表 2-2　海尔曼的中国层级实验步骤

1	地方政府游说	针对高层决策者的非正式游说
2	高层官员认可	通过高层决策者个人访问、视察的背书和特别批准获得非正式授权
3	政策实验开展	授权地方政府实施特殊/优惠政策
4	正式的实验程序	探索性的地方政策详细的地方文件
5	高层政府选定样板	更多的代表团访问；以口碑为榜样体验；增加媒体报道
6	推动选定政策传播	“点到面”仿真运动传播模型
7	地方干部晋升	负责当地模式的官员被提拔到更高的职位
8	国家政策制定	最高领导人讲话；国家会议；政府文件中纳入新政策
9	国家合法化授权	通过国家立法使政策创新正规化

资料来源：根据海尔曼，2008 年、2009 年、2014 年文献整理。

中国的行政体系是以纵向威权实施自上而下（top-down）管理—控制为主导的（Montinola，1996，2005；Cai & Treisman 2006；Xu，2011），地方政府往往不具备实验主义治理理论所倚重的自治权。然而多年来，在包括创新在内的许多领域，中国进行了大量的具有转型国家特征的实验主义治理的实践活动（Graham，Shipan & Volden 2013；Shipan & Volden 2012）。在四十多年的转型过程中，中国对地方政府的赋权程度经历了从集权到分权再到集权的变化过程（Enroth，2014；Abbott，Green & Keohane，2016）。这样的变化反映了中央和地方政府之间在实验主义治理过程中的动态互动机制；中国往往会针对某一特定的政策领域，在多级政府间形成形式灵活、机制相对稳定的实验主义治理模式（Hammond，2013；Zhu & Cheng，2013；Teodoro，2009）。对这样转型国家背景下政策实验进行历史分析无疑会对丰富实验主义治理的理论作出贡献。同时，在中国改革开放进入新的历史阶段的转折点，对实验主义创新治理的回顾将为今后的治理提供实证和理论基础。

四、研究缺口与研究问题

尽管有上述发现，现有文献对中国实验主义创新治理治理的研究仍然匮乏。中央权威之下，分权和集权的多种实验模式为何开展？如何开展跨区域治理协同？中央和地方在制定政策目标、探索政策工具等问题上走了什么路线？本书通过对改革开放以来中国创新治理实验过程的梳理回答这三个问题，从而为实验主义创新治理理论在中央集权制国家的拓展作出贡献。

首先，中央与地方如何互动，其分权与集权实验为何开展？在过去的几十年里，转型国家经历了行政权力的分散过程（Bird & Vaillancourt，2008；Malesky & Lundun，2014）。有大量研究将这一过程与地方公众参与、竞争、监督和问责联系来（Heilmann，2008；Ma，2013；Zhu & Zhang，2016）。但这种趋势在近年来出现了逆转，一些国家试图重新集中以前分散的权力结构（Berry & Berry，2018；Gilardi，2010）。学者们通常将集权和分权划分为政治、财政和行政三个方面（Shipan & Volden，2012）。例如，政治分权意味着选民有权直接选举地方政府，财政分权反映了地方政府掌握的财政资源份额相对增加，行政分权体现为地方机构的行政自治程度（Tolbert & Zucker，1983；Zhu & Zhang，2016）。在中国这样的集权型国家，上级政府可以通过对地方政策实践进行干预和监管，降低下级政府的自主权。也可以通过释放政策信号，鼓励与中央政策优先顺序一致的地方实验。很多研究认为，中央政府的分权行动有助于调动地方政府创新的积极性，鼓励多样化的政策实验，但不利于政策推广；与之相对，集权有助于经地方检验后的政策创新推广，降低试错成本，但会伤害地方创新的积极性（Berry & Berry，2018；Shipan & Volden，2008）。因此，对中国实验主义创新治理过程中央地政府的互动研究有助于回答以下问题：中国政府在什么情景下倾向于分权实验，又在什么情景下选择集权实验？

其次，如何开展跨区域治理协同？政府机构之间的权利分配和集体行动问题一直是实验主义治理理论关注的焦点。实验主义治理强调地方政府的分散决策，关注分散系统中的政策和行政外部性问题。政府机构之间的垂直、水平和职能分散导致行政效率低下时，就会出现集体行动的困境（Feiock，2013）。尽管实验主义治理理论起源于西方背景，尤其是在美国。但机构和不同政府层面间的自愿与非自愿合作在高度集权的国家中也经常出现。集权国家经常通过地方官员的非正式网络来进行机构间的协同（Shipan & Volden，2008）。在中国，地方治理表现出与西方国家相似的特征（Teodoro，2009）。虽然中央政府对地方政府拥有人事和财政的权威，但中国政府越来越多地使用分散化的合作治理来解决省级和地方政府的各种政策问题，例如经济发展、公共服务提供和公民参与（Yi，Berry & Chen，2018；Zhu & Zhang，2019）。中国地域辽阔，行政区划往往基于历史和地理因素，长期以来基于属地原则开展的政策实验受地域限制无法有效协调。在我们这样一个地区之间自然、地理、历史条件差异巨大的国家，创新资源的集聚效应明显，不同地域间由于创新要素禀赋的差异、知识溢出和外部经济等因素的共同作用，创新政策需要在更大的空间尺度内进行整合。这种跨边界的政策需求增加了地方不同层级政府间协调的复杂性，也刺激了中国政府在不同区域间开展创新治理的实验模式的灵活性。

最后，中央和地方在制定政策目标、探索政策工具等问题上走了什么路线？多年来，中国将与经济相关的行政职权下放给地方政府（Volden，2002），中央政府在地方市场化改革方面往往避免为地方政府规定特定的技术或程序。相反，中央政府越来越依靠指南式的规定，从而为地方行为设定了范围，但没有描述执行指令的精确过程（Volden，2016）。然而，与美国政府不同，中国中央政府始终保持着高度权威，它仍然可以通过人事制度来控制地方政府领导人的政治流性（Berry & Berry，2018；Gilardi，2010），通过直接发布政策文件来监控和干预地方市场化实验，从而约束地方政府的改革方向或范围。鉴于经济绩效是评价和提拔地方领导人的最重要标准之一，中国城市政府有着强力的动机，通过市场化创新来支持经济增长，吸引上级政府有限的注意力（Ma，2013；Zhu & Zhang，2016）。在此过程中，地方政府对政策工具和政策目标的选择往往受到上级政府的制约，当中央政府和省级政府发布政策信号来引导地方进行政策创新时，这些信息可能是多余的，甚至是潜在冲突的（Damanpour，1991；McCann，Shipan & Volden，2015；Zhu & Zhang，2019）。此外，由于时间和资源有限，地方政府也不会完全响应这些政策信号（Makse & Volden，2011）。在政策实验的试点、筛选和扩散三个阶段，随着中央政府和地方政府的互动，可供地方政府分散实验的政策目标和政策工具的范围逐步缩小。中央和地方的互动将会发生变化，政策重点逐步转换，实验主义治理模式将会呈现出不同的特点。

五、本章小结

本章首先分析了创新与政治关系的三种竞争性解释：强调了市场的力量和业务集群自组织效应的集群理论，强调制度因素对创新特征和能力塑造的创新系统多样化理论，强调后发国家加速技术升级和赶超发达国家的国家发展主义理论。本章认为，这三种理论为政府通过创新治理介入创新活动提供了理论依据，并对这三种理论的局限性进行梳理。进一步，本章对中国创新治理成绩及其治理逻辑进行了再反思，考察了“自上而下”“创新系统”和“自下而上”三种观点，认为这些观点过于宏大和简单静态，不能完整解释中国这样的转型国家在长期发展历程中的创新治理实践。最后，本章结合实验主义理论文献和中国创新治理实践研究，尝试将实验主义理论与中国创新治理政策情景相结合，从中央与地方关系的视角提出文献缺口和三个框架性的研究问题：中央权威之下，分权和集权的多种实验模式为何开展？如何开展跨区域治理协同？基于政策目标和政策工具的治理模式如何选择？下一章将结合这三个核心问题，提出中国实验主义创新治理分析框架。

第三章　中国实验主义创新治理分析框架

中国实验主义创新治理过程是动态复杂的政策过程，考虑到中国政府垂直权威的客观实际和“集权—分权—再集权”的实践脉络，本书试图构建协调中央与实验区地方政府关系的通用分析框架，可将其称为央地交互式中国实验主义创新治理框架，用来解释中国创新治理实验的治理机制。该框架认为：政治压力和理性预期对政策过程中的关键行动者——中央和地方政府官员——产生了深刻影响；在多层政府不同区位资源禀赋和政策情景下，出现有针对性的实验主义创新治理模式；央地政府之间的协商与竞争是中国实验主义创新治理机制有效运作的推动力量。

一、中国治理情景与基本假设

（一）中国垂直权利结构与实验主义机制

中国实验主义创新治理的独特性和复杂性源于三个理论和制度要素。首先，之前关于实验政策过程的研究只考虑了政策目标和政策工具由一个政府机构建立的情况（Boyne，Gould-Williams，Law & Walker，2005；Heilmann，Shih & Hofem，2013；Ludwig，Kling & Mullainathan，2011）。在 Heilmann 概念化的“分层实验”模型中（2008a），中央政府最初决定政策目标，并设计在全国范围内实施潜在政治风险不明确的政策工具。中央政府小规模启动地方试点计划，并希望政策创新在证明成功后将达到广泛范围。然而，中国实验主义创新治理过程中，政策目标和工具可以由政府的不同机构，即中央和地方政府单独和交互地形成。中央政府有时会自行决定政策目标和设计政策工具，但在其他情况下，中央政府只提出没有实际政策工具的政策目标，地方政府开展实验，为中央政府提供政策信息。

其次，央地政府间互动在政策制定中起着至关重要的作用，使理想的实验主义治理模式更加复杂。之前的研究认为，地方政府面临着各种政策担忧，因为他们的偏好显著不同（Moore，2014；Remick，2002；Tsai & Dean，2014）。许多学者主要关注地方政府的政策绩效（Shi，2012；Wang，2009），但中国并非美国联邦式的政治结构（Chung，2016），中国的央地政府关系构成了相互关联的两个方面，即经济和社会责任的分散化以及组织和人事机构的政治威权主义（Zhu，2014）。中央政府和地方政府之间的互动确保了在权威控制下的地方活动，并成为中国式实验主义治理的政治基础（Zhu & Zhang，2016）。根据现有文献，本书认为中央政府关注政策绩效，即中央政府设计的成功政策试点可以帮助维持其对地方政府的权威性和对全国公众的合法性。

最后，实验主义的政策评估方法丰富了中国多级政府比较替代工具的手段。实验主义治理的理想框架强调政策学习或问责制，其中地方政府的表现处于横向的相互监督和同级评估之中。中国的垂直权力结构丰富了实验主义治理的维度，中央政府经常了解当地情况，并通过政府领导或专家的调查评估政策试点的影响（Heilmann & Perry，2011；Daily，2013）。通过调查，中央政府或委托研究机构从地方官员获取有关政策实验表现的信息，从而决定政策实验的发展。在评估和比较潜在政策工具的有效性时，中央政府通常依赖地方政府对政策实验的回应，在中央政府和地方政府之间的互动中地方政府的议价能力得到提高。特别是在没有具体的国家量化政策目标的情况下，中央政府可以依靠地方政府的投入或反馈来判断政策工具的实际效果。地方政府采用各种策略，例如服从、纵向谈判、横向勾结或抵抗（Xu，2011；Shi，2011；Zhou，2010，Shi，Chertow & Song，2013；Zhou，Lian & Ortolano，2015），地方政府的服从或抵制程度成为中央政府判断政策实验是否可持续、成功或值得扩展的标准。

（二）基本假设

本书遵循理性人假设，认为在中国央地互动下的实验主义创新治理过程中，参与各方都符合理性人假定。各级政府部门、企业、研究机构和官僚行动者以理性为基础参与政策过程，但也存在局限性，这些局限表现在这些方面（Dylan，2006）：（1）决策者的时间和注意力是稀缺资源；（2）行动者在进行决策时都受到不完全信息条件的限制；（3）一旦某项决策设计多个方面和多种职能时，官僚会基于多种情况关注最需要关注的领域，而不能同时考虑所有领域；（4）获取信息的成本和交互信息的成本随着行动者数量的增加而增加；（5）决策者在决策过程中始终面临着不确定性的影响，因为涉及未来的信息是不可获取的。

二、中国实验主义创新治理框架

中国的政策实验丰富了实验主义治理的理论分析，增加了相互交织的成分，即：（1）自适应演化的权力分配；（2）逐步明确的政策目标和工具；（3）动态变化的战略目标（见图3-1）。中央政府通常保留监督这一过程的政治权力，但赋予地方政府经济和社会权力，探索其他政策选择（Zhu & Zhang，2016）。为了适应具体情况，权力的分配动态地从集权到分权化和再集权，并根据决策过程的阶段，对权力和责任的分配进行战略调整。从政策的实验、选择到扩散，中央政府授权地方政府在“点”层面进行多样化的政策设计，但随后往往在“面”层面进行大规模的再集中、扩散。地方政策实验举措通常是由中央政府自上而下地启发或直接控制触发并认可的，实验的执行主要是由接受权力下放的地方政府驱动的，而政策创新的采纳通常是中央政府驱动的（Heilmann，2008；Gabriella，Qian & Weingast，1995；Xu，2011）。

在政策目标和工具上，实验主义治理往往采取“摸着石头过河”的策略，逐步形成国家层面的政策（Heilmann，Sebastian & Elizabeth，2011）。这种方法反映了中央政府依靠政策实验的反馈来阐明具体的政策目标并制定政策工具（Wang，2009）。中国的实验主义治理模式是根据中央政府是否有明确的政策目标和工具来概念化和分类的（Zhu & Zhao，2018）。第一种模式是适应性协调（Adaptive Reconciliation），在中央政府没有明确的政策目标情况下，地方政府就会进行政策实验，中央政府从地方经验中收集反馈信息，协调地方实践。第二种模式是选择性识别（Selective Recognition），即中央政府制定明确的政策目标，地方政府积极尝试各种政策工具，目的是被识别为成功的政策。第三种模式是分层实验（Hierarchical Experimentation），即中央政府对政策目标和工具有清晰的认识。选定的地方政府负责执行和评价具体政策的执行情况。

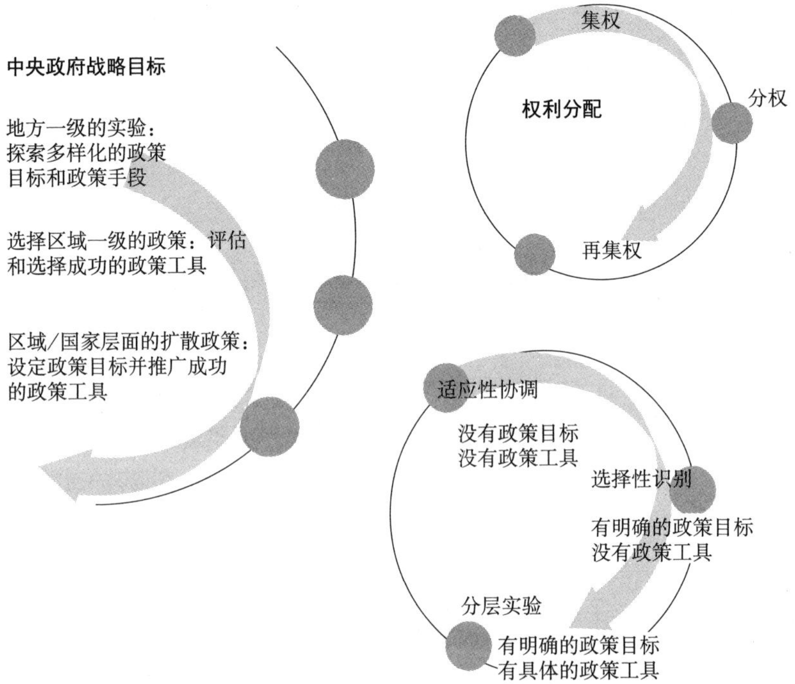

图 3－1　中国实验主义创新治理的分析框架

尽管最终确定了政策目标和工具，但实验的地理范围通常从区域级别的小规模“实验点”扩展到“实验区”，最终为全国范围的政策扩散做准备（Heilmann，2008）。这种地理扩张模式通常与中央政府战略目标的演变相一致，即从探索多样化的政策选择，到选择表现良好的政策，再到公认的政策扩散。面对新出现的和有挑战性的问题，中央政府经常要求地方政府进行小规模的“点”实验，目的是探索可行的政策选择，为政策选择收集证据。区域级别的政策实验往往是评价所选择的政策备选办法的绩效，中央政府的战略目标通常是测试正确性和证明或示范地方的政策工具（Shi，Chertow & Song，2009）。如果政策在实验区的效果良好，中央政府可以决定下一阶段的战略，通过探索有效的政策扩散机制扩大成功。

三、研究设计、案例选择与研究方法

本书旨在考察当代中国创新治理，并阐述基于历史背景的实验主义创新治理模式。为了解决这个问题，本书需要研究科学技术管理体制的演变过程，确定中国政治体制的动态变革，并回答这种机制如何帮助促进地方发展以及改变更大的制度环境。因此，本书实证研究分为四部分内容，依据研究需要分别采取不同的研究方法。主要采取理论研究与实证研究相结合，综合运用定量与定性研究，利用多层次、多来源的数据（宏观统计数据以及典型案例访谈资料），借助计量分析和理论思辨相结合的方式确定具体的研究问题并寻找研究问题的答案。

首先，本书通过梳理中国改革开放后政府创新治理历程，把握中国实验主义创新治理发展、成熟的脉络，厘清中国实验主义创新治理从萌芽、发展到成熟的历史进程。其次，通过对实验主义创新治理模式的萌芽“高新技术产业开发区”实证研究，探索其政策效果、反思其治理模式，为回答中国在推进实验主义治理模式提供实证基础。再次，通过对中国实验主义创新治理治理三种成熟案例“国家创新型城市”“国家自主创新示范区”和“全面创新改革试验区”的比较分析，探索中国央地交互的实验主义创新治理模式。最后，通过对实验主义典型案例“中关村科技园”三十余年的治理历程分析，从微观上考察中国实验主义创新治理模式，并从央地关系的视角进一步探索中国创新治理的渐进式改革路径。

（一）通过文本分析研究中国改革开放后创新治理历程

中国改革开放后创新治理发展历程是什么？在不同阶段中国政府对创新治理的重点、模式和央地关系有何变化？对这些问题的研究是探索中国实验主义发展脉络与中国层级结构下实验主义治理模式的重要前提。本书第四章使用政策文本分析对此开展研究，通过厘清中国政府在改革开放四十多年创新治理实践过程中的治理思路、目标手段和央地政府协调策略，对中国实验主义创新治理的特点进行初步分析，为随后的案例和实证分析提供历史基础。

1. 历史阶段划分原则

在历史阶段划分标准上，本书采用了标志性事件作为划分原则，重点关注1992年邓小平南方谈话推动中国市场化改革、2003年党的十六大明确创新的国家战略地位以及2012年党的十八大首次明确“创新驱动”国家战略等标志性事件。这种划分原则，主要基于以下几点考虑：首先，本书以改革开放四十年创新治理为研究对象，在此期间中国创新战略的治理理念和治理思路随着中国政府对创新理论认识的深化和中国创新实践的发展在不断调整，这些调整往往同党和政府改革的阶段性目标和政策一致，以党和政府的重大事件为节点更能反映中国创新治理转型的阶段性特征。其次，也因为改革开放四十年中国创新治理实践的不断变化，各个历史时期创新治理的政策文本中强调的政策内容和治理重心也变化较大，如果单纯基于政策文本数量进行历史阶段性划分将无法反映这种政策内容的政策重心的变化。相对而言，本书认为这种内容和重心的变化对本书后几章的逻辑演绎相对更加重要。最后，由于本书的分析重点在于通过对中国创新治理的历史梳理，厘清中国创新治理经验并对未来发展方向做出展望，因此采纳这种标志性时间的历史划分方法更有助于厘清政府的阶段性认识和政策取向。

2. 数据来源

本书通过图书馆、网络期刊文库、专业数据库等多种渠道搜集创新政策与企业、区域及产业创新能力等相关领域的理论文献和最新研究成果，根据检索词科技政策、创新政策等关键词，突出对国务院、科技部、教育部、财政部、国家发展和改革委员会等相关部门官方门户网站进行全面检索，重点选取“办法”“规划”“法律法规”“意见”“通知”“公告”等能直接体现中国政府推动创新发展的政策文件。选取政策文本的时间跨度为1978—2018年，确保所选取政策文本具有代表性和连续性。通过政策文本和案例分析，我们可以全面研究中国创新政策及创新治理机制变迁过程，归纳各历史阶段的总体政策方略，描绘国家创新体系战略发展的路线图。

（二）通过定量方法检验中国实验主义创新治理萌芽的创新绩效并提出反思

中国自改革开放后广泛采用政策试点模式推动创新治理，这些实验主义治理模式萌芽的创新绩效如何？为什么在进入21世纪后中国政府改变思路又推出了更为成熟的创新治理模式？以第四章历史阶段研究为基础，本书在第五章尝试通过对“国家高新技术产业开发区”政策的创新绩效和区域创新能力进行实证分析，依据实证结果初步回答以上问题。

“国家高新技术产业开发区”政策是中国最早实行的创新政策实验模式，从1988年中关村科技园被确定为中国首个国家高新技术产业开发区（简称为“高新区”）至今，“高新区”模式已经走过三十余年的时间，其试点模式比较成熟，数据积累相当丰富，目前在全国已经建成了144个高新区。高新区作为中国实验主义创新治理的先声，为中国政府优化创新治理模式积累了很多经验与教训，同时它又与中国成熟的实验主治理模式有明显区别——缺乏“试验—推广”的正式架构和层级政府间的互动平台。对其创新绩效的检验和治理模式的反思为本书开展下一阶段研究提供了实证基础。

本书拟采用面板数据分析中国国家高新技术产业开发区的创新绩效。基于中国31个省在2005—2018年的相关面板数据，采用专利作为创新能力指标，通过面板数据的随机效应模型和固定效应模型得到一系列估计。考察研发支出、技术引进、基础设施、区位优势对国家高新技术产业开发区创新绩效的影响。相关研究的数据来源于《中国统计年鉴》《中国科技统计年鉴》《中国高技术产业统计年鉴》。

（三）通过比较案例研究方法分析中国实验主义创新治理模式

在长期的创新治理过程中，中国在多级政府间形成了形式灵活、机制相对稳定的实验主义创新治理模式，成为进入21世纪后中国创新治理的主要方式。这种实验主义创新治理模式下，中央政府和地方政府围绕政策目标、政策工具反复互动，并基于不同情况赋予地方政府不同的政策实验权限，最终不断地寻找并适时调整适合中国国情的创新治理政策。第六章使用比较案例分析法，以“国家创新型城市”“国家自主创新示范区”和“全面创新改革试验区”为案例，分析总结央地政府互动下的中国实验主义创新治理模式。

1. 案例选择

中国自2003年确立“创新驱动”发展战略以来，陆续推出的“国家创新型城市”“国家自主创新示范区”和“全面创新改革试验区”政策实验，是中国建立以市场为导向的创新体系中的重要举措。这些举措是各级政府系统性地探寻创新发展道路的政策试点、筛选和扩散动态过程。这些举措的开始时间由远及近，牵头部门从部级逐次向国级发展，参与的地方政府由市级向跨省合作发展，所强调的过程由政策试点向大规模扩散发展，中央政府的政策目标也由纲领性向具体化发展。梳理这些举措中政府作用的边界和作用机制的变化及其与政策绩效的关联，为本书提供了政策实践的基础框架。同时，这些试点举措的发展沿革体现了中国在创新驱动发展战略方向上的阶段性变化，对政策的长效机制的研究必须将这一历史背景考虑在内。

“国家创新型城市”“国家自主创新示范区”和“全面创新改革试验区”三个案例显示了不同的创新能力、不同的创新促进方法、不同层次的中心关注点，以及中央参与程度不同而导致的不同的资源动员能力。尽管存在差异，但这些地区通过将自主创新作为首要任务，并通过引人注目的制度改革来贯彻执行，从而保持与中央战略一致。比较案例研究为深入了解中国实验主义创新治理在广大地域范围和不同情况下的实验模式提供了思路。第六章通过对中国多种政策实验历史过程的梳理，描述中国多层次政府如何从实验主义治理中寻找中国创新治理的路径，对三种实验的治理路径、动力机制、权利分配、学习模式和绩效评估等创新治理的构成因素进行纵向和横向的对比，刻画央地互动的中国实验主义创新治理不同模式。

2. 数据来源

本书收集了2003年中国“创新驱动”发展战略提出后的各种政府文件、政策和报告，尤其是“国家创新型城市”“国家自主创新示范区”和“全面创新改革试验区”三种政策实验的相关文件，以记录中国不断变化的创新实验区的政策和管理。历史资料最适合追踪和记录区域转型，因为多年来发表的统计数据、专著和文章包含丰富的信息，可以说明中国创新实验区治理的进展，而文件和政策则提供了有关个别项目的具体信息。本书的数据来源主要来自现有的研究和文献，包括特定区域政策的官方出版物、国家五年计划和行政手册、报纸和网站的最新报告，以及我与中央和地方创新政策制定部门的专家和官员的访谈。

（四）通过案例研究方法探索中国实验主义创新治理机制

以第六章对实验主义三种模式的比较、归纳和演绎为基础，第七章选取中关村科技园作为典型案例考察中央与地方在政策实验过程中的互动，从而探索中国实验主义创新治理机制，进一步了解制度改革对试点地区创新治理的影响。案例研究由于在探索和理解与新兴技术相关的复杂社会变革方面的优势，过去几年中一直在创新治理研究中被大量采用（Haley，2018；Pinkse，2018；Turnheim & Geels，2013）。第七章采用一手访谈数据和广泛的文本分析，对典型案例长时间轴的考察使本书能够涵盖这些创新政策实验历程中的一系列关键时刻，包括它们的发起和早期奋斗，战略决策，愿景转变以及中央与地方的日常互动。

1. 案例选择

第七章选择中关村科技园作为案例，是因为它是中国政府实验主义创新治理的典型代表。首先，中关村经历了“高新技术产业开发区”“国家创新型城市”“国家自主创新示范区”和“全面创新改革试验区”这些中国治理模式的所有阶段，并且都是中央政府认可的首批试点。中关村科技园三十多年的发展历程是中国创新治理实验的最具代表性的微观样本。其次，作为中国第一个国家高新技术产业开发区，中关村被誉为中国的“硅谷”，是中国政府实施实验主义创新治理战略历史最悠久的园区，也是国家投入资源最多的园区。它展示了中国的政治家如何打破旧规则、结构和意识形态的束缚，并逐渐在创新治理领域建立新的制度。最后，中关村科技园从改革初期就受到中央领导的重视，并不断被选为其他科技园的榜样。它展示了一个典型的中国实验主义央地政府互动模式：中央政府在地方实验基础上进行改革，简化行政程序，鼓励创新活动；地方官员也借此机会制定了一系列改革措施，以丰富融资渠道，吸引全球有竞争力的人才，提高商业服务质量，并完善该地区的知识产权制度。

2. 数据来源

第七章采用前期收集整理的相关政策文本，包括国家层面与中关村地方政府层面的法律、规范、规章、条例、细则、指引等文件，以及新闻媒体对其进行的报道等，主要通过对政策文本、研究文献、媒体报道、可追溯的组织文件以及当事人回忆等进行综合性分析。第七章也采用一手访谈数据，深入相关组织内部，对各级人员进行结构式跟踪观察、访谈、记录和沟通，对其组织架构和章程等可公开的文件进行梳理和解读。对科技部、中关村管委会官员和公共管理专家的深度访谈主要用于对研究所需的适用理论框架进行调整和完善。对中关村管委会相关部门和区域内高校、企业相关人员进行深度访谈，主要用于对具体实践问题的筛选和细化、案例筛选和确认、政策意图的解读以及对阶段性研究结果的宣讲、沟通和组织反馈。

本书选择了一种半结构化的访谈的方式（Flick，2010；Lamnek，1989），从中关村创新治理行动者那里了解动机、伴随的愿景和期望，以及对实际政策实验发展的评估。本书的采访对象包括中关村管理委员会和中关村研究院的成员、项目负责人、融资机构的负责人，以及其他相关的部门或机构的成员，如大型公司、初创企业的企业代表、居民和用户。访谈问题围绕以下几个方面展开：（1）涉及实验区发展关键决策的背景和过程；（2）不同发展阶段的一些重要创新治理政策的原因和效果；（3）中央政府和地方政府、企业家、研究人员和其他社会角色在政策实验过程中扮演的角色。

本书一共采访了25人，从科技园区管理人员到企业家和学者，以获得对同一问题的多个来源的理解。访谈以一对一或小组的形式进行。其中19人接受了面对面的访谈，6人接受了电话访谈。下面列出了每个受访者的详细信息。入选企业涵盖了不同的工业领域，其中大部分是新兴的高科技企业。我选择中关村的企业是根据企业的所有制类型、经营规模、历史和发展状况和创新绩效。在9家中关村公司中，2家是国有企业（方正、普天），1家是外资企业（微软），6家是民营企业（比特威科技、碧水源科技、车库咖啡、中星电子、易车网、启明星辰信息技术有限公司）。2人来自大型企业（微软、方正），4人来自拥有超过300名员工的中型企业（普天、比特威科技、中星电子、碧水源），3人来自员工少于30名的小企业（启明星辰、车库咖啡、易车网）。6家企业表现出良好的创新绩效，而易车网、启明星辰、普天在技术进步方面表现不太突出。部分企业是“十、百、千”计划、“瞪羚”计划、“新三板”上市等创新促进项目的受益者，另一些企业是在没有太多政府援助的情况下发展起来的，如易车网、启明星辰、车库咖啡等。详见表3－1。

表3－1　受访者名单

管委会官员	职业	工作部门	访谈时间
A0	主任	产业发展促进处	2018年6月
A1	副主任	自主创新能力建设处	2018年7月
A2	工作人员	规划建设协调处	2018年7月
A3	主任	产业发展促进处	2018年7月
A4	副主任	中关村技术金融部	2018年7月
A5	工作人员	中关村研究中心	2018年7月
A6	副主任（退休）	中关村人事处	2018年8月
A7	副主任（退休）	人才资源处	2018年8月

续表

管委会官员	职业	工作部门	访谈时间
A8	工作人员	规划建设协调处	2018 年 9 月
A9	工作人员	研究室（法制处）	2018 年 9 月
A10	工作人员	中关村高科技产业促进中心	2018 年 9 月
A11	副主任	规划建设协调处	2018 年 9 月
A12	工作人员	经济分析处	2018 年 9 月
企业家			
E1	部门经理	比特威科技	2018 年 6 月
E2	职员	方正	2018 年 6 月
E3	中层管理人员	车库咖啡	2018 年 6 月
E4	技术部门员工	碧水源科技	2018 年 7 月
E5	财务部门员工	普天	2018 年 7 月
E6	技术部门员工	中星电子	2018 年 7 月
E7	技术部门主任	易车网	2018 年 7 月
E8	中层管理人员	启明星辰	2018 年 7 月
E9	财务部门员工	微软	2018 年 8 月
学者			
S1	教授	北京大学	2018 年 8 月
S2	教授	中国人民大学	2018 年 8 月
S3	教授	清华大学	2018 年 8 月
S4	教授	北京师范大学	2018 年 8 月

第四章　中国改革开放后创新治理发展历程回顾与治理机制变迁

自改革开放以来，中国政府为适应经济社会发展变化和创新演进趋势，持续不断地推进创新治理变革。四十多年创新治理发展历程，以不同时期的发展任务、工作重点、治理主体和改革目标为特征，大致可以分为四个既彼此区别又互为关联的阶段。其中存在着两条上下贯通的线索，一是中国创新治理变革始终作为中国整体改革的一个重要组成部分，服从于并服务于整体改革的需要。依据不同时期经济改革的目标任务而侧重不同的工作重点，并通过创新治理变革助推中国由经济改革不断走向全面深化。二是中国创新治理变革始终与创新理论发展密切相关，创新理论发展深化了我们对创新主体、创新过程、创新网络、创新环境和创新体系的认识，进而推动中国政府依据不同时期内外部环境和创新自身规律制定阶段性的目标任务；与此同时，随着中国创新治理变革深入又积累了大量实践经验，对这些实践经验的总结归纳反过来又进一步丰富拓展了创新治理理论。

在四十多年的改革开放历程中，中国经济实现了从计划经济体制向社会主义市场经济体制的根本性跨越，中国的创新要素、创新主体、创新资源和创新环境都发生了深刻变化。中国政府积极应对这种变化，创新治理思路逐渐清晰，创新治理范围逐步扩大，创新治理层面日益深入，渐渐形成了富有中国特色的实验主义创新治理模式。这种创新治理模式如何协调多元创新主体关系？创新治理机制如何实现动态调整并筛选出有效政策？这都是中国实验主义创新治理框架需要回答的问题。基于创新主体理论和实验主义治理理论视角，归纳梳理中国改革开放四十多年来创新治理发展历程，根据发展任务、改革重点、治理主体和改革目标的不同，中国创新治理发展历程大致可分为四个既彼此区别又互为关联的阶段。

一、中国改革开放后创新治理发展历程

（一）技术引进阶段（1978—1988 年）

始于 1978 年的改革开放以经济体制改革为突破口，中国政府从中央层面陆续推出多项发展战略，通过“经济特区”和“经济技术开发区”等政策试点手段，赋予试点地方政府多项经济发展自主权，打开改革开放局面，希望通过地方试点，“以点带线、以线连面”，循序渐进地推动中国改革开放大局，实现国家现代化。建立经济技术开发区是这个期间中国创新治理实践的标志性事件。

1984 年 5 月，中国沿海 14 个港口城市建立第一批国家级经济技术开发区，通过各项投资、土地、税收优惠等政策措施吸引外国资金、技术和管理经验，兴办一批现代企业，带动区域经济发展。1985 年，中共中央发布《关于科学技术体制改革的决定》，全面启动了科技体制改革；1986 年中共中央启动了“高技术研究发展计划”（863 计划），以前沿技术研发为重点推动中国科技发展。这些措施形成了该阶段以政府为创新治理主体、以经济技术开发区为创新治理实验区域、以兴办高新技术企业为创新治理手段，以促进经济增长为创新治理目的的一系列措施（Oriain，2003）。

总体上看，该阶段中国创新治理的政策工具并不具体，政策目标也不清晰，经济技术开发区的阶段性任务为改善国民经济形势，服务于对外开放政策大局。

（二）产业协同阶段（1988—2003 年）

该阶段，中国创新治理改革着重围绕两个领域内推进，一是通过市场化改革增强企业创新活力，释放市场机制在创新资源配置领域的作用；二是通过设立高新技术产业开发区实现产业整合与技术驱动，提升创新绩效，推动经济增长。

1988 年 8 月，中国国家高新技术产业化发展计划——“火炬计划”开始实施，各地纷纷结合本地资源禀赋和发展目标创办高新技术产业开发区，大力促进高新技术产业发展，提升中国经济创新活力。

1992 年邓小平南方谈话和中共十四大后，中国市场化进程进入新阶段。一方面，社会主义市场经济改革目标的确立为中国创新主体的充分发育提供了外部

环境，通过十多年的市场化改革，中国创新主体和创新体系日渐成熟，为创新治理完善提供了基础。1995 年，中共中央、国务院提出“科教兴国”战略，对全国科研院所进行结构调整试点。1999 年，中共中央、国务院发布了《关于加强技术创新、发展高科技、实现产业化的决定》，推动应用型科研机构向企业化转制。

截至 2003 年，中国以高新技术产业开发区和经济技术开发区为标志的创新治理实验为中国政府创新治理积累了大量经验，但这两种政策实验本身缺乏对创新治理的顶层设计，在实践中逐渐暴露出诸多问题（周姣、赵敏，2014）。在政策目标上，中央政府和地方政府往往偏重区域经济增长目标，创新的其他发展目标处于从属地位；在政策内容上，各地政府偏重企业与产业层面招商引资的数量和规模，对创新能力提升和创新环境营造缺乏关注；在政策工具上，多采取财政、税收优惠和国有土地划拨等手段，缺乏对创新要素流动及创新网络优化的政策激励。

（三）治理转型阶段（2003—2012 年）

2003 年，党的十六大将科学发展观写入党章，以创新为驱动力的可持续发展理念上升为国家战略。自 2003 年始由国务院牵头，经过两年的研究酝酿，于 2005 年 12 月公布了《国家中长期科学和技术发展规划纲要（2006—2020）》。2006 年 1 月，中共中央、国务院发布《关于实施科学和技术发展规划纲要、增强自主创新能力的决定》，2006 年 2 月发布关于实施《科技规划纲要》的若干配套政策，这三份文件突出强调了建设创新型国家的发展战略。以此为契机，中国开始了构建国家创新体系、培育创新环境的探索，创新治理开始全面推进。

2004 年，深圳、杭州、浙江等地方政府自发制定了本地“创新型城市发展规划”。2008 年，国家发改委批准深圳市成为中国首个“国家创新型试点城市”，并向各地大力推广。2010 年，科技部、发改委牵头批复了 36 个“国家创新型试点城市”。随着以“国家创新型试点城市”为代表的实验主义创新治理的推进，政府意识到，以城市为空间区域的创新治理在创新要素流动、创新网络覆盖、创新政策协调和创新产业联动上的缺陷，需要在更大范围和更深层次的协调整合（章文光、李伟，2017）。2009 年，中央政府通过陆续在各地建立“国家自主创新示范区”的方式，试图构建区域性的创新增长极，优化区域内的创新产业与创新资源配置，在更高层面和更广范围内优化创新治理路径。

在创新治理主体关系上，政府开始着眼于调动创新资源，着力优化“政府—企业—科研机构”创新主体关系。国家于 2002 年 6 月出台了《关于充分发挥高等学校科技创新作用的若干意见》，2006 年 12 月出台了《国家大学科技园“十一五”发展规划纲要》，2010 年 7 月发布了《国家中长期科技人才发展规划(2010—2020 年)》。这四份文件在时间上彼此衔接、在内容上相互配合，都着眼于提升政府、企业、高校三个创新主体的自主创新能力。

（四）全面深化阶段（2012 年至今）

2012 年党的十八大召开，开启了中国特色社会主义的新时代。2013 年 11 月，中共十八届三中全会通过了《关于全面深化改革若干重大问题的决定》，立足于全面深化改革的宏观布局，中国创新治理进入整体推进全面深化的快车道。

2012 年 5 月，中共中央政治局召开会议，研究深化科技体制改革、加快国家创新体系建设，首次以中央文件的形式着重强调通过深化科技体制改革推动创新驱动，标志着中国创新治理迈向构建和完善国家创新体制，提高创新治理效能的新方向。2012 年 9 月，中共中央、国务院印发《关于深化科技体制改革加快国家创新体系建设的意见》，再次强调加强和完善国家创新体系，并将改革重点放在统筹政府调控和市场资源配置的关系上来。2016 年 5 月，中共中央、国务院发布的《国家创新驱动发展战略纲要》提出了中国创新治理改革的系统性目标，将新兴产业培育、创新人才培养、创新基地建设、创新体系发育、创新网络形成、创新体制改革和经济发展方式转变等作为全面提升中国自主创新能力、建设创新型国家的重要举措。

在创新治理实践上，中国继续全面铺开央地政府间的实验主义治理模式，同时提升统筹创新试点层级，深化不同创新政策实验之间的配合协调。首先，“国家创新型试点城市”和“国家自主创新示范区”建设迈入高速增长期，覆盖区域从最初的东部沿海发达城市向中西部内陆省会、枢纽和区域中心城市扩展。其次，中国政府开始有意识须将此前开展的创新治理政策实验的经验进行整合、归纳，并在更高层级上统合协调，2015 年 5 月，中共中央、国务院制定了《关于在部分区域系统推进全面创新改革试验的总体方案》，开始推广国家“全面创新改革试验区”建设。从顶层设计上对创新治理谋篇布局，并有意识地结合此前开展的“国家创新型试点城市”和“国家自主创新示范区”政策实验，形成在行政权力、资源配置、制度安排和空间区域上由中央到地方的纵向立体式的多层级、多维度创新治理政策实验体系。

二、中国创新治理的重心、主体及路径变迁

中国改革开放以来的创新治理始终在探索一条适合中国国情和创新规律的治理路径，不同时期的治理重心、治理主体和治理路径都有不同。实践证明，伴随着中国经济、社会的全面转型，创新多元主体日渐发育，创新功能日益完善，创新机制日趋发展，现实层面的这些变化进一步加剧了中国创新治理的复杂性、不确定性和多元主体间协作要求的广泛性，传统的管理手段和西方情境下的创新治理理论已不能对中国改革开放实践中复杂的创新治理问题提供有效的解释和适用的政策工具（朱旭峰和张友浪，2015）。知识经济下的创新模式突破传统的线性模式，走向螺旋上升的治理形态，网络化、多元化、自组织和混合型主体的复杂创新路径成为其基础性特征（Chung，2016）。随着对创新规律认识的深化和创新实践经验的积累，中国政府有意识地转变治理理念、拓展治理边界、探索治理路径，从传统的科技创新管理模式向新的多元交互实验主义创新治理模式转变。

（一）治理重心转变

梳理中国创新治理近四十多年发展历程，我们可以发现，在第一、第二阶段更强调技术的引进、吸收和升级，创新治理主体更多着眼于企业主体作用发挥和产业结构优化，对政府和科研机构的作用较为忽视。

随着中国经济实力的提高和市场功能的完善，尤其是中国创新治理实践经验的积累，中国的学术界人士、政策制定者越来越深刻地认识到，创新是一个系统工程，除企业层面的技术开发升级之外，创新过程中的组织重构、管理提升、主体间协同等对国家创新体系的构建都提出需求。在知识经济全球化的背景下，国家和区域的经济社会发展高度依赖于创新和知识转化能力。一国经济发展的成功

与其获取、吸收、扩散及应用现代技术的能力紧密相联，而这种能力正体现在国家创新体系之中（Berry & Berry，1990，1992）。因此，中国创新治理的第三、第四阶段将构建国家创新系统作为创新治理的关键手段，将创新体制机制改革作为整体提升中国创新治理水平和创新治理能力的重要抓手，通过理顺企业、政府、科研机构创新主体关系来优化创新生态环境，以创新为核心动力引导中国经济发展模式的转型、资源配置方式的优化、产业结构的升级和创新主体的迭代。

总体而言，随着中国经济发展阶段和市场社会发育程度的变化，中国创新治理的重心有了方向性调整，从改革开放前二十年以政府直接扶持企业和产业为重点的创新治理路径，转向改革开放后二十年以政府间接完善创新生态环境、构建国家创新体系、培育创新文化为重点的创新治理路径。这种创新治理重心的变迁带来了一系列政策理念、政策目标和政策工具的差异。在创新体制上，从改革开放前二十年以政府为创新主体，科研院所改革为突破口向创新制度优化、国家创新体系建设转变；在发展路径上，从改革开放前二十年的跟踪模仿向加强自主创新、建设创新型国家转变；在创新目标上，从经济目标为主向经济与社会目标并重的多元价值取向转变；在创新方式上，从注重单项技术的研究开发与国外高科技企业引进向多种创新资源、创新要素、创新目标的融合与集成转变；在发展部署上，从以研究开发为主向优化创新激励机制与培育创新吸收力并重转变；在国际合作上，从一般性科技交流向主动利用全球科技资源的开放型创新转变。

（二）治理主体探索

现代创新理论摒弃了传统线性创新观点，认为创新过程具有非单一的起点和方向，各种创新活动无处不在、无时不有，不分前后、相互交织。既有网络节点又有辐射作用区域，已远远超出了线性乃至链式模型。在非线性创新过程中，企业、政府与大学间的关系日益复杂多样。知识生产者的边界变得日益模糊，企业与各种规模和范围的学术及其他混合型实体，成为更广泛创新网络的一部分（Ansell & Gash，2008）。创新主体间的界面日益出现“前移”“交叉”“趋同”等新趋势，创新主体复合和边界模糊成为创新活动的新特征。

创新发展的新趋势对政府在创新过程中的作用提出了新挑战。政府作为创新主体之一，与其他创新主体互动日益频繁，其组织边界具有“开放性”，组织功能呈现“弹性化”。这要求政府能够根据创新环境变化和创新阶段性需要，适时拓展自身边界，调整自身功能，形成所谓的“自反机制”。与此同时，在大量的前沿领域，知识同时是理论的、实践的、可商业化的和公开的，即知识的“多价性”（Welch & Thompson，2006；Baybeck & Berry，1999）。这种“多价知识”进一步打破了传统的线性创新模式，意味着创新在多元主体内部和彼此交叠的互动中随时产生，促使了创新主体中组织设置的多元重叠关系，形成大量的政学合作研究院、高新企业孵化器、国有高新技术企业等混合型创新组织（Walker et al.，2011）。这种创新知识、创新组织、创新过程、创新网络的新变化，需要政府适时拓展和优化其边界与功能，形成新的治理模式和治理思维。“政府—企业—高校”创新主体理论为分析知识经济和科技创新系统提供了新的思路，也为探索政府在创新过程中的边界和机制提供了有效框架。随着市场主体的充分发育和对创新规律认识的深化，中国创新治理实践过程中的治理主体也体现出阶段性特征。

1978—1988 年的第一阶段，在实践层面，中国从计划经济体制向市场经济体制转轨，大量的创新基础设施尚未完善，市场主体没有充分发育，以国有企业和计划体制为代表的传统经济主体和运转模式制约着中国创新治理实践的空间。在认识层面，缺乏对创新非线性过程和创新多元主体作用的理解，因此创新治理主要以企业尤其是国有企业为重点，忽视了政府、科研机构等其他创新主体的联动。该阶段“经济技术开发区”运转模式主要以政府运营模式、投资运营模式和土地运营模式为主。

1988—2003 年的第二阶段，在实践层面，确立了社会主义市场经济体制发展方向，多元创新主体开始发育，创新基础设施和科研机构逐步完善和壮大，企业和政府的有机结合成为各级政府创新治理的有效途径。在认识层面，国家战略层面仍然将赶超和学习作为发展战略的核心，未确立自主创新的地位，各地方政府的创新治理实验空间有限，各创新主体作用难以有效发挥。该阶段“高新技术产业开发区”和“经济技术开发区”运转模式开始出现政府服务运营模式、产业运营模式等。

2003—2012 年的第三阶段，在实践层面，以科学发展观提出为标志，创新驱动作为国家战略被首次明确提出。政府意识到，自主创新是推动经济长期稳定可持续增长的核心动力，提出了创新驱动目标和创新型国家建设，陆续出台了各项创新发展规划。在认识层面，作为创新治理主体的科研院所和大学等知识生产机构的地位日益提升，系统性地协调企业、政府和科研院所创新主体关系的创新政策实验被中央和地方层面广泛尝试。以 2004 年启动的“国家创新型试点城市”、2009 年启动的“国家自主创新示范区”两大国家创新战略为例，从中央到地方层面都推出了优化创新环境，保护知识产权、培养和引进创新人才，建设一流科研机构、研究型大学和创新型企业等创新治理措施，创新主体的系统治理成为中国创新治理实践的重要内容。

2012 年至今的第四阶段，党的十八大后中国进入全面深化改革的新时代，中国政府将自主创新的意义提高到前所未有的高度，深刻意识到创新治理既是深化经济体制改革的关键环节，也是提高国家治理体系和治理能力现代化水平的重要组成部分。在实践层面，中国政府日益重视混合型创新组织在创新主体网络关系中的作用，主动调整创新治理思维和治理方式，不断强调对创新治理的顶层设计和对混合型创新主体融合发展。以 2015 年推出“全面创新改革试验区”和 2016 年出台《国家创新驱动发展战略纲要》为标志，政府高度关注对政学融合的合作研究院、政企融合的国有高新技术企业、产学融合的高新企业孵化器等混合型创新主体的治理与相互间动态关系的优化。这标志着中国创新治理思路日渐成熟，方法日趋多元，具有中国特色的创新治理路径逐步清晰。在认识层面上，随着创新理论的发展，人们认识到在知识型社会中，公共和私营部门、科学技术、大学和工业之间的界限正在逐渐消失，从而形成一种重叠交互系统。创新主体理论发展打破了市场与政府治理结构的二元对立，赋予了政府参与创新活动的新角色和功能（Shipan & Volden，2006）。知识生产者的边界变得日益模糊，产生知识的机构越来越多地在关键行为者之间的关系网络中发挥作用。由于大学、产业和政府毕竟是不同系统，如何把三个主体的力量有效匹配、整合，推动国家或区域的创新活动，是考验政府创新治理能力和水平的一项挑战。政府的政策不只是提供诱因与减少管制，还要主动针对互动过程与体系加以改造。

在治理主体关系上，该阶段以加快推进国家创新体系建设为重点，注重完善企业、政府、科研机构等创新主体协同互动的创新生态系统，注重形成主体间交互融合的开放型创新网络。一系列中央文件都将创新孵化器培育、创新平台建设、高校创新人才培养、科研机构创新转化能力和“政府—企业—科研机构”

创新主体间的互动作为创新治理的重要内容。系列文件中多次提到“构建涵盖科研院所、高校、企业、中介机构等各类创新主体，覆盖从基础研究、技术开发、技术转移到产业化等创新链各个环节的产业、财税、金融、人才、知识产权保护以及科技成果转移转化政策体系”，创新治理目标内容也更为丰富，不但涵盖此前的促进发展、创新引领等经济性目标，也涵盖了环境保护、公平高效、开放协调、资源节约和公共服务等社会性目标。

（三）治理路径优化

随着知识社会的到来，新兴技术特别是普遍的横向技术对经济社会发展发挥着越来越深远的影响。但是，创新不确定性意味着决策者如果没有明确认识到哪种技术发展途径更有可能产生最大的经济社会产出，那么制定成功的创新战略可能是一项艰巨任务（Shipan & Volden，2008，2012）。为了克服这一困难，决策者越来越多地利用实验主义治理方法来制定科学和技术政策，从而通过加强长期的、面向未来的方法提高决策质量。实验主义本质上是一种递归决策，是多个公共行动主体为达成某种政策目标，在统一框架下分散决策、彼此互动，在不断评估中相互学习，并根据自身环境及条件修正各自的行动方案（Shipan & Volden，2012）。实验主义治理强调横向的学习和问责结构，将地方政府的表现放在网络状框架之下，定期、交互地接受横向监督与同行评议。在实验主义治理框架下，基层组织往往被赋予更大的能力和权力，其核心在于通过向下赋权来“改变现状”。在中国创新治理实践中，中央与地方长期通过实验主义的方法，也就是俗称“摸着石头过河”的渐进式改革路径探索、实验、矫正和优化创新治理政策工具（Heilmann，2008；周黎安，2014；马亮，2011；周望，2011；靳亮、陈世香，2017）。

1. 在 1978—2003 年的第一阶段和第二阶段，中国政府尝试通过兴办经济技术开发区、高新技术产业开发区，在中央政府和地方政府间，通过一系列权力下移、政策倾斜、利益重新分配、改革中国产业政策，在多层级政府间以竞争、学习、扩散为手段实验创新友好型的产业政策。然而，当时中国经济基础较为薄弱，市场发育不健全，创新治理还没有上升到国家战略层面，各项创新治理手段多从属于经济增长目标。随着 1992 年社会主义市场经济体制的确立，中国的经济实力日益增强，创新资源趋向多元，创新环境逐渐改善；与此同时，长期以要素投入推动经济增长模式的副作用日渐显现，不均衡不可持续的发展模式亟待转轨，创新作为经济长期增长的核心动力日渐被政府重视，创新治理开始上升为国家战略。中国政府开始尝试创新友好型政策工具，打造国家创新体系。然而在不确定条件下如何检测创新政策的有效性？怎样推进和加快有效创新政策的模仿与推广？如何矫正中国创新政策偏差？面对这些实践中的现实问题，中国渐进式改革模式为中国创新治理提供了丰富经验，中国政府采取了实验主义方式，因地制宜地探索和优化具有中国特色的创新治理路径。

2. 在 2003—2012 年的第三阶段，随着 2003 年创新驱动成为国家战略，中国政府开始有意识地开展多层次、大范围的创新政策实验，通过“干中学”的方式推进实验主义创新治理。分别在 2004 年和 2009 年推出了“国家创新型试点城市”“国家自主创新示范区”两种创新治理实验。这两种实验模式既有相似也有区别。相似之处在于两者均为“试点—筛选—扩散”的政策实验方式，在多级政府和创新主体间，通过渐进式、协同式、往复性的多层次多维度共同学习形成信息网络，强化创新主体正反馈过程。通过实验来检验自身政策效果，并决策是否强化或矫正政策工具。区别之处在于其覆盖地域、赋权方式和实验重心有所不同：从覆盖地域来看，两种实验分别为地级市和特定区域；从行政层级来看，两种实验批准单位分别为发改委、科技部和国务院；从赋权方式来看，“国家创新型试点城市”以地方分权、自主试验、中央较少干预为主，“国家自主创新示范区”以地方分权、区域协同、中央协调为主；从实验重心来看，“国家创新型试点城市”以地方实验为主，央地共同学习和地地自发扩散为辅，“国家自主创新示范区”以制度改革，中央权威推动扩散为主，地方执行和央地共同学习为辅。这两种实验主义创新治理模式在第三阶段日渐成熟，逐渐扩大覆盖范围和明确政策目标，通过央地政府间共同学习筛选出合适政策工具，在创新网络中快速扩散。这种模式赋予了中国创新治理较强的灵活性和纠错能力。

3. 在 2012 年至今的第四阶段，随着中国创新治理的推进，政府发现，构建完善的国家创新系统，需要协调多元创新主体的复杂关系，完善信息交互机制，优化创新网络，加速扩散进程。而这些都要求政府打破自身边界，重塑自身功能，在更大范围和更高维度上完善顶层设计，提高创新治理能力和水平。在此阶段，中国继续完善和优化“国家创新型试点城市”“国家自主创新示范区”两种创新治理实验，并于2015年推出了“国家全面创新改革试验区”，试图构建完整的创新治理实验谱系。与此前推出的一系列实验相比，“国家全面创新改革试验区”也是一个涵盖“试点—筛选—扩散”，通过央地共同学习形成政策目标和政策工具的创新治理实验。但也有鲜明特点：从覆盖地域来看，“国家全面创新改革试验区”覆盖范围更大；从行政层级来看，“国家全面创新改革试验区”由中央深化改革领导小组审核认定，在顶层设计试图打破原有的行政边界、重塑政府作用；从赋权安排来看，“国家全面创新改革试验区”以中央集权、推广试验为主；从试验重心来看，“国家全面创新改革试验区”以制度改革、中央权威推动扩散为主，地方执行和央地共同学习为辅。总体而言，“国家全面创新改革试验区”措施是中国政府试图从国家层面打破限制创新的系列约束，通过治理改革释放制度红利，尝试利用中央权威推动创新友好型政策快速扩散的一种实验主义创新治理模式。这种实验模式与上述其他阶段推出的系列实验主义创新治理模式一起，构成了中国探索创新治理优化的路径。

三、中国创新治理的基本经验

从世界范围来看，如何对国家创新系统进行有效治理？政府在创新治理中作用的边界和机制是什么？什么样的治理模式有利于国家创新系统的绩效？这些问题是各国政府普遍面临的挑战。事实上，通过创新治理实践不断检验、矫正或强化创新政策组合，并对国家创新系统进行动态完善，是各国政府在创新治理过程中的常态（Cai & Treisman，2006）。研究表明，政府不单需要纠正创新过程中由于外部性、不确定性和信息不完备性带来的市场失灵，更需要从治理角度纠正各创新主体间的系统失灵（Xue & Xu，2017）。因此，构建国家创新体系及完善政府创新治理是从系统角度思考创新问题在治理逻辑上的自然延伸。我们从创新治理重心、创新治理主体以及创新治理路径三个维度对中国创新治理发展的四个阶段进行分析，可以发现改革开放四十多年来中国创新治理始终处于灵活且富有弹性的动态调整之中。这可以理解为中国政府在创新治理发展过程中为平衡短期阶段性增长和长期可持续性发展，通过多样化政策试错所做的种种努力。通过四十多年改革开放实践的不断摸索完善，中国创新治理呈现颇具中国元素的特点。

（一）融合式共同学习：多元创新主体的开放网络

知识经济时代，环境的不确定性以及创新与知识重组的复杂性导致组织边界渗透性增强，组织需要从外部获取知识和技术超越自身界限，以更开放的方式与外部环境和利益相关者互动（Jacob & Merle，2006）。中国政府在实践中不断深化对创新规律的认识，日益重视对“政府—企业—大学”创新主体关系的治理。从最初阶段以政府为创新治理单一主体，通过直接政策干预推动创新，转向后来重点构建企业、政府和大学协调发挥作用的国家创新体系，通过优化创新生态环境推动创新。打破国家创新体系中政府作用边界“分界线”的概念，在政府、企业、大学三种创新主体的“接触面”上形成有效的协同合作网络，以融合式共同学习的方式在主体间推动创新的持续发展，能够为信息传递、知识产生和创新扩散提供更为便捷高效的渠道，从而回应内部多元创新主体诉求。

（二）动态式调整：政府创新治理的作用机制

知识的生产、转移和产业化是一个动态的、非线性的过程，政府在其中的作用也不再是一个静态概念，而是一个动态的作用机制过程（Crossan & Apaydin，2010）。在中国创新治理实践过程中，通过一系列“混合组织”实现多种创新主体作用的动态调整，例如政学结合的研究院、产政结合的国有创新企业以及产政学结合的高新企业孵化器等。这些“混合组织”有效运转离不开完善的以市场为导向的制度、政策支撑条件，包括通过多样政策工具来规范、引导创新产品市场、知识和技术市场、人才市场、资本市场等。改革开放四十多年的创新治理发展过程中，中国政府一方面通过自身改革适应创新治理多元市场化的改革方向，另一方面通过优化市场支撑条件作用机制对创新体系的整体网络运行效率和总产出产生重大影响。

（三）渐进式纠偏：实验主义创新治理政策的制定路径

创新活动的路径演变迅速，且探寻创新治理的道路本身也是一个不断调整、试错的动态过程。在此背景下，政府作用边界和作用机制需要通过政策试点、筛选和扩散等方式，不间断地调整政策工具，观察政策绩效，反馈到下阶段政策调整（Elinor & Ostrom，1990）。纵向来看，中国创新治理发展历程呈现典型的实验主义治理渐进式纠偏特征。回顾中国创新治理发展的四个历史阶段，我们不难发现，在每个历史阶段中国政府都推出了阶段性的带有典型"试点—筛选—扩散"特点的创新政策实验，并赋予其阶段性的政策目标任务和较为明确具体的政策实验角色。政策实验过程中，中央政府与地方政府通过多种政策工具组合以及与多元创新主体间权力、资源的实验性再分配，试图找到一条创新治理的多样化发展之路。在试点区域通过央地政府间共同学习、央地交互评估、中央权威筛选进行政策试错，最终选择符合中央政策目标优先顺序的"典型经验"加以权威性推广（Heilmann & Sebastian，2008）。这种渐进式的实验主义方式成就了中国创新治理渐进式改革的高效，避免了"一刀切"带来的政策风险，赋予了地方政府分散决策的政策空间，借助中央政府政治资源实现了高效推广，并随时根据实践发展和认识深化加以矫正（Chung，2002）。

四、本章小结

本章梳理了中国改革开放四十多年创新治理的实践探索，依据不同时期重大事件和中国政府不同创新政策实验为标准将其分为四个阶段。根据本章分析，以2003年中央提出"自主创新"战略为关键拐点，中国创新治理在战略目标、实验举措和实现途径上呈现出巨大变化。与这种变化相呼应，中国实验主义创新治理走入央地交互螺旋上升的快车道。与此前中国政策实验萌芽不同，"国家创新型城市""国家自主创新示范区"和"全面创新改革试验区"的央地互动呈现出机制化和兼容性特点，积累了丰富经验，助推了中国实验主义创新体系的成熟。在下一章，本书将对中国实验主义创新治理的萌芽"国家高新技术产业开发区"政策实验进行实证研究，通过检验其创新绩效以及分析其治理方式，尝试回答这个问题：为何中国逐步弱化该种实验模式，喊出"高新区"需要"二次创业"的口号，随后在21世纪推出了以此为基础的多种新的政策实验模式？

第五章　中国实验主义创新治理萌芽的创新绩效与治理模式反思

“国家高新技术产业开发区”是中国实验主义创新治理的萌芽。中国高新技术产业开发区促进创新了吗？为何中国政府在21世纪后推出了以此为基础的多种实验主义创新治理模式？这些问题无疑是中央政府和高新区所在地各级地方政府关心的问题。作为中国最早期的创新实验模式，30多年来高新区的设立和发展为中国经济阶段性发展提供了助力，也为中国政府积累创新治理经验、优化创新政策提供了基础，本部分将基于2005—2018年中国高新技术产业开发区创新相关数据开展实证研究，探索中国高新区模式的有效性和局限性。

一、国家高新技术产业开发区的发展与区域创新

经济地理学文献（Krugman，1991；Fujita，Krugman & Venables，1999；Redding & Venables，2004）研究表明，企业聚集在一起可以对他们的生产率产生积极影响，被称为集聚效应，也被称为马歇尔-阿罗-罗默（MAR）外部性（Beardsell & Henderson，1999；Fan & Scott，2003）。公司间的相互接近可以防止成本失控，减少与公司间活动有关的交易成本。企业集群通常会导致求职者和职位空缺的集中，减少劳动力市场的摩擦。这有助于促进有益的商业联盟和组织的形成，包括支持上游和下游行业以及建构密集而丰富的产业基础架构。市场交易过程中涉及某些关键业务信息和知识溢出，空间和地域的集中往往会支持许多小规模的学习和创新过程，这些过程的累积效应会大大增强当地的竞争优势，为提高一个国家技术能力奠定了必要基础。鉴于潜在收益，世界各国政府在20世纪80年代开始纷纷模仿美国“硅谷”和“128号公路”的成功，通过提供政策激

励，鼓励在特定区域组建科技园区促进集群模式，中国的“国家高新技术开发区”也顺应了这股浪潮。

自20世纪70年代末以来，中国经历了持续且惊人的高速增长，随后在80年代中期开始强调创新和发展高科技产业的重要性。中国政府认识到高速增长主要依靠要素积累而非技术进步，提出并着手实施了各种科学技术政策以促进创新驱动经济发展的战略转型，包括对公共科学技术机构的改革，更加开放的金融政策，业务创新支持系统以及加强人力资源措施（Huang，2004）。国务院于1988年提出了“火炬计划”并建立了国家高新技术产业开发区（简称STIP），旨在促进国内研发成果的商业化、工业化和国际化，高新区、孵化器和初创企业在科技部的管理下开始在地方扎根。鉴于中国地域辽阔，而且随着经济高速增长，各地之间的收入差异不断扩大，火炬计划的政策目标不仅在于转变经济发展方式，使中国成为知识和创新驱动型国家，而且还要平衡区域发展（Kankur & Zhang，1999）。因此，本章旨在考察国家高新技术产业开发区在促进中国区域创新能力（区域创新系统）中的作用，研究国家高新技术产业开发区主要特征，以及它如何改善区域创新系统。

（一）国家高新技术产业开发区的发展

自改革开放以来，中国政府开始推行“经济技术开发区”政策，为位于特定地区的企业提供优惠措施，促进经济增长。1979年，中央政府在深圳和广州建立了两个经济特区，吸引外国直接投资（FDI），同时被指定为出口导向区。1985年建立经济贸易开发区，这些地区在吸引高科技外国投资方面取得了成功，尤其是在消费电子产品和计算机领域。

为了提升技术能力并向知识型经济转型，中国于1988年实施了火炬计划，通过建立国家高新技术产业开发区和孵化器支持高科技产业发展。国家高新技术产业开发区创造有利于创新集聚的环境，提供适当的激励措施，系统引进先进的外国技术和人力资源。国家高新技术产业开发区采用严格标准，企业有资格获得高科技公司认证后才能进入园区，专注于吸引潜在的高科技产业和研究中心。国家高新技术产业开发区带来的积极网络效应倾向于支持以新技术为基础的初创公司以及其他技术传播机制（Hu，2007）。

第一个国家高新技术产业开发区（中关村科技园区）于 1988 年获批启动，1991 年国务院批准建立了 24 个国家高新技术产业开发区，1993 年又批准建立了 27 个，1997 年增加到 53 个，2009 年为 56 个。截至 2019 年全国范围内共建成 157 个国家高新技术产业开发区，除青海、西藏和宁夏外，国家高新技术产业开发区在大多数省份中都很普遍。几乎所有国家高新技术产业开发区都位于大城市和大都市地区，以便更好地获取技术和教育资源，在区域分布上偏重于东部地区。详见表 5 – 1。

表 5 – 1　　中国高新技术产业开发区基本数据统计

年	产值（百万元）	出口（百万美元）	R&D（百万元）	制造业产值占比百分率（%）	制造业出口百分率（%）	研发占比百分率（%）
2005	310.949	6.479	n. a.	9.45	4.08	n. a.
2006	433.360	8.525	n. a.	12.74	5.22	n. a.
2007	594.357	11.908	n. a.	16.57	6.81	n. a.
2008	794.199	18.582	13860	19.84	8.31	26.30
2009	1192.841	22.664	22180	27.37	9.45	35.22
2010	1293.710	32.922	31450	27.28	11.08	39.91
2011	1725.743	51.017	41950	31.41	12.65	43.67
2012	2263.893	82.382	61380	34.72	14.90	47.53
2013	2895.758	111.645	80620	37.49	15.66	49.08
2014	3589.894	136.088	105400	39.32	14.86	50.83
2015	4437.695	172.812	127500	40.15	14.95	57.55
2016	5268.467	201.524	158140	40.45	14.90	58.98
2017	6115.139	200.722	n. a.	45.22	17.63	n. a.
2018	7575.030	247.634	n. a.	47.08	23.14	n. a.

注：n. a. 表示数据不可用。

如表 5 – 1 显示，国家高新技术产业开发区产值从 2005 年的 3109.5 亿元人民币增长到 2018 年的 75750.30 亿元人民币，增长了超过 20 倍；出口从 2005 年的 647.9 万美元增长到 2018 年的 24763.4 万美元。为了突出国家高新技术产业开发区在中国制造业中的重要性，右三栏中的数字分别显示了产值、出口和 R&D 与制造业产值、制造业出口和企业 R&D 的比率。这些比率呈现增加趋势。

2005 年的产出率低于 10%，从 2015 年开始迅速增加到 40% 以上。科技和创新产业出口在 2010 年前还不到制造业出口的 10%，在 2010 年超过了 10%，然后逐年上升，到 2018 年达到 23.14%。值得注意的是，科技创新投资在中国私人研发活动中起着至关重要的作用，2009 年国家高新技术产业开发区的 R&D 支出占企业 R&D 支出总额的 35.22%，在 2016 年达到 58.98%。一半以上的业务研发是由位于国家高新技术产业开发区的高科技公司承担的，充分表明了国家高新技术产业开发区在区域创新能力中的主导作用。

（二）国家高新技术产业开发区与区域创新

已有大量研究将科技园区与创新绩效相关联，并得出结论：有效的科技园区确实促进了创新，并在区域发展上发挥了重要作用（Fritsch & Slavtchev，2011；Cefis & Orsenigo，2001；Doloreux，2004；Fritsch & Franke，2004）。为了使研发合作者、创新主体和其他环境因素在区域内合作，有良好的区域创新系统，有效地促进区域创新能力（Cooke，2001），中国投入大量资源建立国家高新技术产业开发区，旨在促进高科技产业和创新活动。

国家高新技术产业开发区通过形成研发集聚区和频繁的研究机构—大学—产业合作，促进本地化知识流，研发集聚的形成归因于政府对国家高新技术产业开发区内高新技术企业入驻的选择性干预。为了实现国家高新技术产业开发区的目标，即发展高科技产业和提升本地技术能力，国家高新技术产业开发区的地方管理部门会根据以下标准仔细审查申请企业的资格。第一，申请企业必须在高科技产品目录中列出的高科技产品或服务中开发或使用技术，例如电子和信息技术、航空航天技术和生物技术等。第二，申请企业应该是研发密集型企业，至少将总销售额的 3%（即研发强度为 3%）用于开发新产品或工艺。第三，申请企业至少 30% 的员工具有大专以上学历。具体来说，必须有至少 10% 接受过高等教育的员工从事研发。第四，国家高新技术产业开发区管理部门每年都要检查园区内企业的资格，不满足上述条件的企业将剥夺其享受各项优惠政策的机会。

由于高科技公司的技术积累相对雄厚，并且园区内的企业被要求将更多的资源用于研发计划，能合理预期国家高新技术产业开发区内企业在专利方面引入更多创新。重要的是，高科技企业集群不仅在生产方面，而且在研发方面享有集聚经济的外部性。表5－1数据表明国家高新技术产业开发区内的企业R&D比例很高，反映出国家高新技术产业开发区内与R&D相关的活动可能会聚集，研发集聚形成可以通过信息交流、研发人力资源优势以及高科技产业内部关联网络来提高研发生产率。因此，与园区外的高科技公司相比，国家高新技术产业开发区内高科技公司的创新绩效更高。许多研究表明，位于国家高新技术产业开发区的高科技公司更具创新性（Link & Scott，2003；Lindelof & Lofsten，2003；Yang，Motohashi & Chen，2009）。

国家高新技术产业开发区推动区域创新的另一个影响因素是创新主体之间的地理邻近性，促成区域学习系统，产生关联效应。创新基础设施，政府效能以及“行业—政府—学术界”三个因素构成了区域创新体系良好运转的基础。研发参与者之间通过联合项目进行的频繁互动使他们能够交流思想和经验，从而提高创新绩效。

哪些因素刺激企业在研发项目上进行有效合作？在产学研合作与技术转让方面，越来越多的研究已经确定了几个维度因素，包括企业特质、大学特质，地理距离和溢出渠道（Fukugawa，2006），在这些因素中，中国国家高新技术产业开发区的一个明显优势是与大学和研究机构的地理位置相近，园区内的高科技公司可以轻松地建立本地化的知识网络、学习系统。

与美国的128号公路（没有任何预先计划或设计）不同，中国建立国家高新技术产业开发区时，政府经过详细研究和考虑替代方案之后才选择位置，以便靠近著名大学或国家（省）研究院所。北京中关村科技园区是中国的学术和研究中心，西部地区（如云南的昆明市和新疆的乌鲁木齐市）都建立了科学、技术和创新规划，中国科学院的分支机构也位于大城市，如此就形成了区域内创新主体的研发集聚，国家高新技术产业开发区正是本地化知识网络的关键点。

隐性知识的研发溢出通常受到地理边界的限制（Krugman，1998），因为隐性知识较为模糊，需要面对面互动，要求问题解决者和知识来源之间的地理邻近性。基于地理邻近性的紧密交流不仅减少了诸如联合研究之类的知识交互中的交易成本，而且降低了评估潜在合作者能力和可靠性以及合作成果质量的风险（Fukugawa，2006）。人们认为地理邻近性在企业和大学之间的知识转移中很重要，现有文献表明，与大学的地理位置接近是工业创新知识溢出的重要渠道

(Jaffe, 1989; Link & Scott, 2003; Fritsch & Franke, 2004), 并有助于建立企业与大学的联合研究(Schartinger, 2002; Fukugawa, 2006)。

尽管进行行业与研究机构之间知识溢出/合作研发项目决定因素的研究较少，但上述讨论可用于解释行业与研究机构之间的联系。在中国，大多数大学是公立的，这意味着大学和研究机构的研发活动主要由政府主导，与当地公司合作开发技术。如果一个地区的生产中有相当大的一部分来自位于国家高新技术产业开发区内的公司，将有助于通过研发集聚和创新主体各组成方的关联效应促进区域创新能力。

二、实证模型和数据

(一) 模型设定

为了衡量区域创新能力，本书借用 Furman、Porter 和 Stern (2002) 使用的国家创新能力的概念指定区域知识生产功能，如公式 (5-1) 所示。

$$K_{it} = RD_{it}^{\alpha} X_{it}^{\beta} Z_{it}^{\gamma} K_{it}^{\phi} \varepsilon_{it} \tag{5-1}$$

K_{it} 表示第 i 区域在第 t 年中产生的创新流；RD 表示研发支出；X_{it} 是影响区域创新活动的区域特征变量，例如人力资本、基础设施、位置(沿海或非沿海)等；Z_{it} 表示一个国家产业集群中特定的创新环境，或者主要是国家高新技术产业开发区的作用——国家高新技术产业开发区对区域创新能力的直接影响；K_{it}^{ϕ} 表示区域中研发人员之间联系的强度，旨在研究区域创新系统的作用；ε_{it} 代表白噪声。

如前所述，良好的区域创新系统为 R&D 行动者提供了有效的互动和合作网络。特别是，国家高新技术产业开发区是促进产业、大学和政府之间三方关系的关键因素。关联变量的估计是本研究的重点之一，它探讨了国家高新技术产业开发区在有效联系区域创新活动中扮演的“中间人”角色。

取公式 (5-1) 两边的对数，参考现有文献对创新影响因素的研究，确定基准模型如公式 (5-2) 所示。

$$\begin{aligned}\ln PAT_{it} = {} & \beta_0 + \beta_1 \ln RD_{it} + \beta_2 \ln RDHUM_{it} + \beta_3 \ln TI_{it} + \beta_4 FOER_{it} \\ & + \beta_5 \ln INFRA_{it} + \beta_6 COAST_{it} + \beta_7 PARK_{it} + \beta_8 RE\_IND_{it} \\ & + \beta_9 UN\_IND_{it} + \varepsilon_{it}\end{aligned} \tag{5-2}$$

（二）变量定义

上述模型的变量定义和基本统计信息如表5－2所示。

表5－2 变量定义和基本统计信息

变量	定义	均值（SD）
PAT	授予一个省发明和实用新型专利数	2385.849（4750.715）
RD	研发支出（万元）	7026.911（11117.952）
RDHUM	专职研发人员（万人）	45917.52（79485.40）
TI	技术引进（万元）	3687.488（5661.738）
FOER	各省外商独资企业生产占总生产的比例（%）	18.303（16.950）
INFRA	硬件基础设施：道路及铁路的总长度（公里）	74161.22（53560.65）
COAST	区域虚拟变量：如某省与海岸线相邻则为1	0.387（0.487）
PARKO	省内科学园生产的产出份额	28.472（32.348）
PARKE	省内科学园生产的出口份额	10.551（10.828）
RE_ IND	企业资助的研究机构经费占科研支出的百分比（%）	5.549（5.051）
UN_ IND	企业资助的大学经费占科研支出的百分比（%）	29.461（15.999）
PARK_ GO	政府资助的高技术产业科技活动费用占总支出百分比（%）	21.569（14.881）

注：均值和标准差是通过汇总2005—2018年期间的数据来计算的。

因变量PAT是衡量中国某（i）省创新能力的指标。借鉴现有文献，该项指标用中国专利局向本国发明人颁发的专利数量表示。尽管学界已经广泛讨论了使用专利作为创新指标的弊端，但它们似乎是创新文献中的普遍概括。考虑到约有40%的专利在获得认证之前没有经过实质性审查，本书采用授予发明和实用新型专利的总和作为创新能力的衡量标准。

R&D是知识生产函数中的关键变量，而R&D支出的滞后结构很难充分识别（Hausman，Hall & Griliches，1984）。现有研究采用同期研发支出水平或各种滞后结构，具体取决于研究数据和所考虑的国家或地区。为了避免计算偏差并减少观测值的损失，本书采用了同时期的R&D水平以获取更多观测值。RDHUM表示创意工作者的数量，用全职研发人员的对数表示。技术引进是提升发展中国家技术能力的重要外部来源，可通过对其进行调整满足当地需求，为开发适应性技术做出贡献。

Hu、Jefferson和Qian（2005）分析了影响中国本土技术的技术转让和研发模式，发现技术引进显著提高了专利方面的技术积累。Yang、Kuo和Ramstetter

(2011）指出了技术引进与中国高科技产业专利有显著负相关，因为它们替代了产业的内部研发，不利于创新。公式（5－2）中的 FOER 是第 t 时期 i 省的外资企业（FOE）产量与总产量之比，它代表 FDI 的存量指标。由于 FDI 带来创新效应可能需要较长时间，这种存量测度不排除短期热钱的可能性，预计该变量系数为正。

INFRA 为道路及铁路的长度，代表了创新支持基础设施。有研究证明了基础设施对在不同国家（美国和德国）创新绩效的作用（Suarez & Hasnath，1993；Blind & Grupp，1999）。这种情况适用于中国，中国是一个巨大经济体，但区域发展不平等程度高。COAST 是一个虚拟变量：1 表示位于沿海地区，0 表示内陆省份，它代表了地理位置对区域创新能力的不同影响。

如何最好地评估国家高新技术产业开发区对区域创新能力的贡献？一种直接方法是将国家高新技术产业开发区中企业的研发工作与区域总研发工作分开，然后比较两个估计系数。但是，由于研发数据有限，本书无法使用直接方法来衡量高新区活动，只好采用了两种替代性措施显示国家高新技术产业开发区在其省份中的作用：（1）国家高新技术产业开发区中企业的产出与一个省的总产出（PARKO）的比率；（2）国家高新技术产业开发区中企业出口产品占某省出口产品总量的比例（PARKE）。以往研究表明，位于科技园区内的高科技公司比园区外的高科技公司更具创新性（Link & Scott，2003；Lindelof & Lofsten，2003；Yang，Motohashi & Chen，2009）。因此，本书预计国家高新技术产业开发区生产或出口比例较高的省份将有更好的创新表现。

如前所述，国家高新技术产业开发区的地理位置对区域创新具有明显影响。与沿海地区相比，内陆地区的国家高新技术产业开发区设施不足，这可能降低其对促进区域创新能力的贡献。本部分首先在 PARK 与沿海地区之间增加了一个交互项（COAST × PARK），以研究沿海地区国家高新技术产业开发区的创新促进作用是否更大。如果相互项的估计系数显著为正，则表明沿海和非沿海的国家高新技术产业开发区之间存在着不同创新绩效。随后，本书用 COAST × PARK 和 INLAND × PARK 与这两个变量相关的两个估计系数分别表示沿海和非沿海地区国家高新技术产业开发区的创新促进作用的更精确信息。

如前所述，大学、工业企业和公共研究机构之间的相互作用在区域创新系统中起着至关重要的作用（Etzkowitz & Leydesdorff，2000）。在区域创新系统进行的R&D合作主要有三种：研究机构—企业，研究机构—大学和企业—大学。中国几乎所有大学都是公办的，三项合作之间的联系效应被缩小为两种：研究机构—企业和大学—企业。RE_ IND变量是由企业资助的研究机构经费在科技活动支出的比例来衡量的。同样，UN_ IND变量是由企业资助的大学经费在科技活动支出的百分比来衡量的。

国家高新技术产业开发区由于其区位优势，在促进企业与研究机构之间以及企业与大学之间的研发合作方面发挥着核心作用。为了检验这一假设，本书用PARK_ GO代替RE_ IND和UN_ IND变量，PARK_ GO用政府资助的高科技产业科技活动支出的百分比衡量。尽管无法区分高新区政府—研究机构的合作与高新区政府—大学合作，但此变量可能会捕获国家高新技术产业开发区所扮演的中间人角色。

本书使用面板数据模型进行实证分析。鉴于中国在2003年前后制定了创新驱动经济的发展战略，着力于内部研发提升自主创新能力，本书的样本涵盖了2005—2018年间的所有31个省份。基于《中国统计年鉴》《中国科技统计年鉴》《中国高技术产业统计年鉴》数据，表5-2总结了本书使用的每个变量的定义和基本统计信息。

三、实证结果分析

（一）基准模型结果

表5-3显示了使用面板数据的随机效应模型（RE）和固定效应模型（FE）获得的一系列估计值，其中不包括国家高新技术产业开发区和创新主体的作用。这些估计用作基准模型，在FE模型中已被删除。

表5-3　　基准模型估计

	(1) RE	(2) RE	(3) RE	(4) FE
常数项	-4.629***	-2.665***	-4.597***	
	(0.504)	(0.434)	(0.479)	

续表

	(1) RE	(2) RE	(3) RE	(4) FE
lnRD	0. 390 ***	0. 495 ***	0. 237 ***	0. 273 ***
	(0. 046)	(0. 038)	(0. 051)	(0. 053)
lnRDHUM	0. 390 ***		0. 448 ***	0. 218 ***
	(0. 063)		(0. 06)	(0. 071)
lnTI		0. 115 ***	0. 143 ***	0. 097 ***
		(0. 037)	(0. 035)	(0. 035)
FOER	0. 002	0. 002	0. 002	0. 006 *
	(0. 003)	(0. 003)	(0. 003)	(0. 0034)
lnINFRA	0. 315 ***	0. 231 ***	0. 275 ***	0. 408 ***
	(0. 057)	(0. 058)	(0. 054)	(0. 068)
COSAT	0. 659 ***	0. 640 ***	0. 559 ***	Dropped
	(0. 156)	(0. 155)	(0. 139)	
Hausman test				32. 28 ***
R-square	0. 779	0. 779	0. 781	0. 79
No. of observations	1403	1403	1403	1403

注：***、**、*分别表示在1%、5%、10%下显著，括号内为t统计值。

由于R&D、R&D人力资本和技术引进的变量高度相关（lnRD、lnRDHUM和lnTI之间的相关系数分别为0. 951、0. 892和0. 838），本书将它们包含在不同模型中。所有估计值都非常相似，证明估计值是可靠的。估计的研发弹性在0. 237至0. 495之间，平均为0. 349。与现有结果相比，估计的研发弹性比使用制造业（Hu，2014）或大中型企业的数据（Hu & Jefferson，2016）获得的数字略高，但是低于高科技行业（Yang，Kuo & Ramstetter，2011）。和预期一致，与研发人力资本相关的系数（lnRDHUM）在所有估计中均为正。

如表5－3第（2）、（3）列所示，lnTI的系数为正，在1%的统计水平上显著。表明国家高新技术产业开发区可以对引进技术进行内部化，使其与现有的本地技术保持一致，从而使公司能够开发可申请专利的新技术，对本地创新具有促进作用。这一结果与Ray和Bhaduri（2001）在印度的研究结果以及Hu、Jefferson和Qian（2005）在中国的研究结果一致。因此，获得外部技术资源是发展中国家升级技术的重要渠道。FOER系数在所有估计中均为正，在模型（4）中仅具有统计学意义，它倾向于支持这样一个前提：即由外资企业贡献的制造业产值份额越高的省，其专利表现越好。一般而言，外商投资企业具有更好的技术和管理知识，但外商直接投资主要目的可能集中在利用廉价劳动力上，而不是在中国进行研发，FOER 对本地创新能力的影响不大。

至于基础设施对创新的影响，本书发现交通强度（INFRA）与第（1）—（4）列中的系数显著正相关，这验证了 Cooke（2001）提出的硬性基础设施在支持区域创新活动中的重要性。至关重要的是，在所有估计中，COAST 变量均与显著正值和高系数相关，这意味着在控制了其他因素之后，沿海地区的创新能力要比内陆地区更好。这种差异是否主要归因于国家高新技术产业开发区因素？下面继续探讨国家高新技术产业开发区和区域创新系统对区域创新能力的影响。

（二）国家高新技术产业开发区对区域创新能力的影响

表 5-4 显示了一系列估计值，重点放在国家高新技术产业开发区对区域创新的影响上。尽管所有 Hausman 检验值都大于 1% 的临界值，说明 FE 模型更为合适，使用 RE 和 FE 对于所有变量的估计结果均相同。

表 5-4 高新区对区域创新能力的影响

	(1)	(2)	(3)	(4)	(5)	(6)	(7)	(8)
	FE	FE	FE	FE	RE	FE	RE	FE
常数项					-4.640***		-4.362***	
					(0.472)		(0.467)	
lnRD	0.230***	0.242***	0.242***	0.246***	0.195***	0.242***	0.198***	0.246***
	(0.054)	(0.053)	(0.055)	(0.052)	(0.053)	(0.055)	(0.051)	(0.052)
lnRDHUM	0.264***	0.247***	0.246***	0.200***	0.495***	0.246***	0.487***	0.200***
	(0.072)	(0.071)	(0.073)	(0.07)	(0.06)	(0.073)	(0.059)	(0.07)
lnTI	0.093***	0.098***	0.091***	0.080**	0.140***	0.091***	0.143***	0.080**
	(0.035)	(0.035)	(0.035)	(0.034)	(0.035)	(0.035)	(0.035)	(0.034)
FOER	0.0045	0.0056*	0.004	0.001	0.0001	0.004	-0.001	0.001
	(0.0034)	(0.0034)	(0.003)	(0.003)	(0.003)	(0.003)	(0.003)	(0.003)

续表

	(1)	(2)	(3)	(4)	(5)	(6)	(7)	(8)
	FE	FE	FE	FE	RE	FE	RE	FE
lnINFRA	0.395***	0.377***	0.413***	0.429***	0.281***	0.413***	0.258***	0.429***
	(0.066)	(0.067)	(0.068)	(0.067)	(0.053)	(0.068)	(0.052)	(0.067)
COAST	Dropped	Dropped	Dropped	Dropped	0.555***	Dropped	0.532***	Dropped
					(0.14)		(0.13)	
PARKO	0.004***		0.001					
	(0.001)		(0.002)					
PARKE		0.007***		0.004*				
		(0.002)		(0.002)				
COAST × PARKO			0.0034*		0.003**	0.005***		
			(0.002)		(0.0012)	(0.001)		
INLAND × PARKO				0.021***	0.0026	0.001		
				(0.005)	(0.002)	(0.002)		
COAST × PARKE							0.015***	0.024***
							(0.005)	(0.005)
INLAND × PARKE							0.006***	0.004*
							(0.002)	(0.002)
Hausman test	68.24***	44.68***	53.33***	44.28***		66.90***		58.22***
Adj. R-square	0.796	0.796	0.797	0.805	0.787	0.797	0.792	0.805
No. of observations	1403	1403	1403	1403	1403	1403	1403	1403

注：***、**、*分别表示在1%、5%、10%下显著，括号内为t统计值。

与表5-3中的结果相比，表5-4中，除国家高新技术产业开发区和区域创新系统变量外，为估计系数。但是，值得注意的是，lnRDHUM系数的估计值略高于R&D变量的估计值，这意味着人力资本对创新的贡献与R&D支出的贡献相当。这一发现包含了一个重要政策含义。长期以来，经济学理论一直强调，人力资本是促进技术变革的必要先决条件，因为它可以帮助企业吸收、消化和管理发展中国家的新技术。尽管中国在过去见证了R&D的快速增长，但中国还是青睐有形资本投资而不是人力资本投资（Heckman，2005）。由于研发人员是科技升级的重要因素，加大创新人力资本投入、提高科技人员素质至关重要。

如前所述，国家高新技术产业开发区可通过产业集聚的固有优势直接促进创新，本书的经验估计支持了这一假设，在表5-4的第（1）、（2）列中，国家高新技术产业开发区变量的估计系数为正值，且在1%的统计水平上具有显著性，这表明国家高新技术产业开发区贡献的生产或出口比例较高的省区市具有较高的技术能力。克鲁格曼（1991，1998）的“新经济地理学”指出，地理上的集中通过密集劳动力市场、产业前后联系和信息外溢等优势产生了外部性。具体而言，Glaeser（1992）等人预测，产业集聚可以通过提供特定产业的互补资产和活动，以及知识溢出来直接增加创新，国家高新技术产业开发区不仅为区域经济增长做出了贡献（胡，2007），而且促进了中国的区域技术进步。

本书使用表5-4第（3）、（8）列的估计值来检验位于沿海和非沿海地区的国家高新技术产业开发区在创新促进效果方面的潜在差异。在第（3）、（4）列中，沿海地区与国家高新技术产业开发区之间的相互作用项显著为正，这表明沿海地区的国家高新技术产业开发区创新效果要高于平均水平，位于沿海和非沿海地区之间的国家高新技术产业开发区的创新绩效存在差异。在这方面值得一提的是，第（3）列中与PARKO变量相关的系数不显著，这一结果表明，对于非沿海地区而言，创新促进作用可能很小。

为了准确区分沿海和非沿海地区国家高新技术产业开发区的创新效果，表5-4第（5）—（8）列显示了一系列估计值。由于区域和园区变量之间的大多数交互作用为正，这表明国家高新技术产业开发区总体上在促进沿海和非沿海地区的区域创新能力方面是有效的，但沿海地区创新促进效果的估计值明显大于非沿海地区，在第（8）列的峰值时达到6倍。这表明，即使在模型中已包含区域虚拟对象，国家高新技术产业开发区对于促进沿海地区的区域创新能力也具有更大贡献，该结果可能归因于沿海地区R&D资源，使这些高新区能够更有效率地工作。

表5－5显示了添加区域创新系统变量后的经验结果。本书考虑这一点是为了测试区域内各种R&D执行者之间的互动对区域技术能力的影响，即运行良好的区域创新系统在影响创新方面的作用。

表5－5　　　　高新区和创新主体对区域创新能力的影响

	(1)	(2)	(3)	(4)
	RE	RE	RE	RE
Constant	-4.642***	-4.371***	-4.532***	-4.266***
	(0.471)	(0.477)	(0.477)	(0.484)
lnRD	0.197***	0.204***	0.204***	0.212***
	(0.053)	(0.052)	(0.052)	(0.051)
lnRDHUM	0.480***	0.472***	0.468***	0.457***
	(0.062)	(0.061)	(0.061)	(0.06)
lnTI	0.130***	0.136***	0.130***	0.136***
	(0.036)	(0.035)	(0.035)	(0.035)
FOER	0.001	0.002	0.001	0.002
	(0.003)	(0.003)	(0.003)	(0.003)
lnINFRA	0.289***	0.260***	0.285***	0.258***
	(0.053)	(0.053)	(0.054)	(0.054)
COAST	0.551***	0.565***	0.568***	0.581***
	(0.136)	(0.135)	(0.14)	(0.14)
PARKO	0.003***		0.003***	
	(0.001)		(0.001)	
PARKE		0.007***		0.007***
		(0.002)		(0.002)
RE_ IND	-0.002	-0.002		
	(0.004)	(0.004)		
UN_ IND	0.0035*	0.0033*		
	(0.002)	(0.002)		
PARK_ GO			0.0023*	0.002*
			(0.0012)	(0.0012)
R-square	0.788	0.788	0.79	0.797
No. of observations	1403	1403	1403	1403

注：***、**、*分别表示在1%、5%、10%水平下显著，括号内为t统计值。

RE_ IND的估计系数并非如预期那样与所有估计中的系数显著正相关，在10%的统计水平上UN_ IND的系数显著为正。尽管区域创新系统理论认为交流思想和进行研发合作有助于整合基础研究和应用研究以开发新技术，但研究机构与行业之间的研发合作并未见证这种对创新的积极网络效应。这表明在研发合作中会遇到潜在问题，从而阻碍了最佳运行。此外，大学和行业组织的研发联盟在提高区域创新能力方面似乎更有效。

由于国家高新技术产业开发区通过频繁的科研机构—大学—企业合作来促进本地化知识流动，本书着重于高科技产业与公共部门之间的科技活动合作（PARK_ GO）。尽管该指标不能直接衡量国家高新技术产业开发区与公共部门（研究机构和大学）在研发方面的合作，但它可以作为有价值的替代指标。如表5 -5第（3）列所示，PARK_ GO变量系数显著为正，表明了国家高新技术产业开发区对协调创新主体的研发合作以促进中国区域技术能力的影响。这一结果支持了本书对区域创新系统内部国家高新技术产业开发区所起重要协调作用的预测——国家高新技术产业开发区位于经济发达区域的大学附近，聚集了高科技产业。中关村科技园区提供了很好的证据，园区内企业与北京的许多研究机构和大学有着紧密的研发合作关系。在发达经济体中，例如奥地利和日本，也发现了地理位置接近在促进企业与大学联合研究方面的优势（Schartinger，2008；Fukugawa，2006）。

（三）稳健性检验

稳健性检验主要解决两个关键问题。一是由于马太效应，创新回报动态增长，组织能力和研发成本下降等因素的影响，企业的创新往往会持续下去（Cefis & Orsenigo，2001；Raymond，2010）。这意味着上述估计可能会受到一阶自相关的影响，本书在面板数据上采用广义最小二乘（GLS）进行经验估计。二是研发与专利申请之间的时间间隔是长期存在的问题。用一年的滞后研发代替当前研发是一种替代策略。表5 -6显示各种估计值。

表5 -6　　高新区和创新主体对区域创新能力的影响：稳健性检验

	GLS for panel data model with AR（1）				Lagged one-year R&D	
	（1）	（2）	（3）	（4）	（5）	（6）
常数项	-4.417***	-4.105***	-4.150***	-4.304***	-4.287***	-4210***
	（0.546）	（0.55）	（0.549）	（0.452）	（0.463）	（0.466）
lnRD	0.315***	0.354***	0.333***	0.182***	0.179***	0.189***
	（0.05）	（0.049）	（0.05）	（0.046）	（0.046）	（0.046）

续表

	GLS for panel data model with AR (1)				Lagged one-year R&D	
	(1)	(2)	(3)	(4)	(5)	(6)
lnRDHUM	0.265***	0.217***	0.249***	0.560***	0.549***	0.531***
	(0.057)	(0.056)	(0.056)	(0.055)	(0.057)	(0.056)
lnTI	0.132***	0.099***	0.126***	0.077**	0.063*	0.067**
	(0.031)	(0.03)	(0.03)	(0.035)	(0.035)	(0.034)
FOER	0.003	0.003	0.004	0.004	0.006*	0.006*
	(0.003)	(0.003)	(0.003)	(0.003)	(0.003)	(0.003)
lnINFRA	0.311***	0.308***	0.303***	0.250***	0.262***	0.260***
	(0.057)	(0.056)	(0.056)	(0.051)	(0.052)	(0.052)
COAST	0.548***	0.616***	0.617***	0.501***	0.520***	0.527***
	(0.152)	(0.151)	(0.148)	(0.131)	(0.137)	(0.141)
PARKE		0.004*	0.0035*		0.006***	0.006***
		(0.002)	(0.002)		(0.002)	(0.002)
COAST × PARKE	0.012***			0.009*		
	(0.006)			(0.005)		
INLAND × PARKE	0.003			0.006***		
	(0.002)			(0.002)		
RE_ IND		-0.001			-0.004	
		(0.003)			(0.004)	
UN_ IND		0.008***			0.003*	
		(0.002)			(0.0018)	
PARK_ GO			0.0023***			0.002*
			(0.0009)			(0.001)
Rho-AR	0.631	0.664	0.647			
R-square	0.798	0.785	0.793	0.779	0.781	0.775
No. of observations	1403	1403	1403	1172	1172	1172

注：***、**、*分别表示在1%、5%、10%水平显著，括号内为t统计值。

尽管与表5-6结果总体上非常相似，但有几点值得注意。第一，在所有估计中，区域虚拟对象（COAST）的估计值仍然很大，这表明沿海和非沿海地区之间创新能力差距是一个严重的问题，应深入研究，以便提升非沿海地区的创新绩效。第二，当使用滞后一年的R&D代替同期R&D水平时，第（4）—(6）列中的估计值在R&D人力资源上表现出较高的创新弹性。正如Heckman（2005）指出的那样，中国应将重点从有形投资转向人力资本投资，人力资本质量是技术变革过程中最重要组成部分，有助于吸收，消化和管理新技术。第三，正如预期的那样，国家高新技术产业开发区直接促进了区域创新能力的提高，而其创新促进作用得到了沿海地区的有力支持。此外，国家高新技术产业开发区可以有效地协调高科技产业与公共部门之间的研发合作，从而间接产生创新促进作用。第四，区域创新系统在中国需要优化，尽管大学与企业之间的研发合作通常会产生更多专利，但 RE_ IND 系数在统计上不显著。

四、结论与政策反思

建立科学园区是许多国家广泛采用的高科技产业发展战略。一方面，高科技公司的初创企业集群可以通过创造新的就业机会为地区发展做出贡献；另一方面，科学园区能对促进区域技术能力产生直接和间接影响。本书采用省级面板数据集检验了中国国家高新技术产业开发区和区域创新系统（2005—2018 年）在提升区域创新能力中的作用。

实证结果表明，国家高新技术产业开发区对创新表现出积极影响，科学园区内的高科技公司由于生产和研发集聚优势而在专利方面拥有更高生产率。国家高新技术产业开发区在协调区域内各个研发部门之间的合作方面也起着关键作用，促进了区域技术升级。

关于区域创新系统的作用，本书发现，由企业资助的大学 R&D 比率（UN_ IND）与创新绩效显著正相关，这表明大学与产业之间相互作用程度较高的地区在专利申请方面往往表现更好。这种积极的创新网络效应来自思想交流和研发合作，有助于整合基础研究和应用研究以有效开发新技术。以上发现凸显了中国“创新主体”潜在的相互作用。

本书研究的政策含义在于，首先，技术引进是提高中国技术能力的有效方法，鼓励内部研发的政策措施也可以应用于进口先进技术，从技术发展的长远角度来看，内部研发仍然是提升本地技术能力的最重要投入。其次，由于国家高新技术产业开发区政策的主要目标是提高中国本土技术能力，本书分析为国家高新技术产业开发区的有效性提供了支持性观点，值得一提的是，研发人力资本是知识生产的关键投入。这表明，通过建立国家高新技术产业开发区形成的区域发展模式在全国范围内无法复制且很难扩散，受到区域特征的影响巨大。国家高新技术产业开发区政策的成功在很大程度上取决于协调条件的充分性，例如人力资本、坚实的基础设施以及运作良好的区域创新系统。因此，需要在中央和试点地方政府之间进行充分协调，更好地利用地方分散实验的政策灵活试点作用和中央集中决策的政策扩散促进作用。再次，尽管企业和大学之间的研发互动为促进区域创新作出了积极贡献，科研机构与企业之间更紧密的研发互动并不能带来这种积极的创新促进效果。中央政府应关注研究机构—企业在研发合作过程中遇到的潜在问题，提高研究机构与企业在研发合作上的有效性，但这超出了地方政府权限，需要中央层面的顶层设计。最后，应逐步减少内陆和沿海国家高新技术产业开发区之间的差距。中国应坚决推动内陆省份大力发展软硬基础设施，这不仅帮助内陆省份从国家高新技术产业开发区中获得更多收益，而且还可以促进各省之间的均等化。实际上，这种差距的政策含义在于，基于高新区的创新政策工具往往具有强烈的属地特征，限制了在一个地方成功的政策向其他试点地区的扩散，高新区模式下的成功政策需要中央层面对其进行“抽象”，从而有利于向其他试点的扩散。综上，高新区模式需要升级，利用中央权威和地方试点协同推进其治理优化，陆续推出一系列旨在协调中央政府与地方政府关系的创新治理模式。

五、本章小结

国家高新技术产业开发区是中国最早建立的创新治理试点举措。从 1988 年的“火炬计划”开始，中国高新技术产业开发区在中央政策与地方试点的互动中逐步成熟，并促进了中国经济和创新的阶段性发展。作为一种尝试性的实验主义政策，国家高新技术产业开发区与中国政府在 21 世纪推出的实验主义创新治理模式有所区别。在架构上，该模式始终缺少中央和地方政府在政策目标、政策工具和政策信息方面的机制化沟通平台；在机制上，他没有构建高效的试点—扩散运行机制；在实践中，地方操作也逐步偏离中央政府创新驱动转型的战略构想。这些问题促使中国政府反思和重新设计政策实验方案。在 2003 年前后积极推进、大胆尝试，促使“火炬计划”的“二次创业”，最终于 2008 年推出了从“火炬计划”脱胎的“国家自主创新示范区”，在全国范围内推动“高新技术产业开发区”模式向“自主创新示范区”模式转型升级。目前，作为最早的试点方案“国家高新技术产业开发区”与21世纪推出的“国家创新型试点城市”“国家自主创新示范区”和“全面创新改革实验区”三种实验主义创新治理模式平行推进，组成了中国政府创新治理的工具箱。下一章，将对21世纪中国推出的央地互动型实验主义创新治理模式进行研究。

第六章　中国实验主义创新治理三种模式的比较分析

在建立国家创新体系的过程中，中国一直在试验和制定适合本国国情的创新治理政策。特别是自 2003 年以来，围绕“试点—筛选—扩散”的路径开展一系列政策实验，探索一种高效的创新治理政策体系。为了在中央政治制度的框架下容纳地方政府的自治，这一进程在近二十年中国市场化转型过程中经历了权力的集中、分散和再集中阶段（Volden，2006；Karch，2007）。这种变化反映了在中国的实验主义治理中，中央政府和地方政府之间一种动态的互动关系。权力下放赋予地方政府权力并鼓励它们开展多样化的政策实验，而权力重新集中则促进经过检验和挑选的政策经验和知识的传播。

本章重点诠释中国各级政府如何探索通过实验主义治理促进创新的政策选择。在对中国创新治理发展脉络的分析梳理的基础上，确定了创新领域中具有国家意义三个政策举措，即“国家创新型城市”“国家自主创新示范区”和“全面创新改革试验区”。本章通过回顾三个创新实验的政策制定过程，在探索中央和地方政府在制定与优化创新治理政策方面扮演角色的基础上，试图构建一个具有中国特色的实验主义创新治理模式，回答这样的问题：中央和地方在制定政策目标、探索政策工具等方面走的什么路线，在政策实验过程中中央政府与地方政府之间形成了怎样的互动机制？本章研究数据主要来自政策文件，以及对中央和地方创新主管部门官员和专家的访谈。

一、中国市场化以来的创新政策实验

高新技术产业开发区和经济技术开发区出现在 20 世纪 80 年代早期，是中国市场化改革后开始实验主义创新治理的第一批实验区。通过这些试点项目的实施，中央政府逐步放松计划经济体制的限制，建立政策体系，发展市场经济，增强自主创新能力。但在实践中，这些试点项目逐渐偏离了中央政府推动自主创新的目标，成为地方政府吸引外资、发展国际贸易的平台（Heilmannm，2013），忽视了中央政府开展试点项目的初衷——创新驱动经济发展目标（Dylan，2015）。为了解决这些问题，从20世纪90年代初开始，中央政府推出了一系列旨在提高各级政府自主创新能力的政策实验。由于创新过程中的不确定性和各地区要素禀赋的差异，中央政府有意或无意地避免了依赖于“最佳实践”预先决定决策的方式，鼓励地方政府不遵循“标准化路线图”，而是自主发展多种方式，“因地制宜”和相互学习（Sutherlandm，2005；Heilmann，2008）。

2003年，中国政府通过《关于深化经济体制改革若干重大问题的决定》，表达了建设国家创新系统的政治意愿，确立了自主创新的国家战略；同时，放弃了以往常用的创新治理直接投资方式，运用地方政府试点与中央政府监管相结合的系统方法，探索“最佳”创新治理路线图。2003年以来的近二十年里，中国政府从零星的试点项目到区域扩散，逐步向中央政府和地方政府通过“试点—筛选—扩散”合作的创新治理机制迈进。

具体而言，在这一过程中，中国推出了一系列实验性创新治理举措，即国家创新型城市、国家自主创新示范区、全面创新改革试验区。借鉴实验主义创新治理的分析框架（见本书第三章图3－1），表6－1从是否有政策目标和政策工具、中央政府设定的战略目标以及中央政府与地方政府之间权限分配的角度对这三个举措进行了历史说明（Heilmann，2013）。国家创新型城市作为推进创新的先期试点城市，已在城市层面实施。在实施的时候，中央政府并没有为地方政府制定明确的政策目标。中央政府的战略目标是以促进创新为总体政策导向，鼓励分散的政策工具试验。在这一适应性协调过程中，中央政府监督地方政府的试点工作，协调各级行政主体之间的冲突，积累政策制定经验。国家自主创新示范区借鉴国家创新型城市的经验，在区域范围内推广。中央政府提出了比较明确的总体政策目标，但没有具体规定各地区的政策工具。在这一阶段，权力的分配和授权在地方政府中产生。中央政府通过选择性识别的过程，战略性地评估和选择“成功的”区域政策工具，以便在国家一级进行政策扩散。全面创新改革试验区是在创新治理经验的基础上提出的国家级战略决策。对于这一举措，中央政府有相对

表 6－1　　实验主义创新治理三大举措的重大事件时间线

<table>
<tr><th>主动性</th><th>2003 年</th><th>2006 年</th><th>2009 年</th><th>2012 年</th><th>2015 年</th><th>2018 年</th></tr>
<tr><td>国家创新型城市：
适应性协调
积累经验，促进横向扩散；通过中央政府与地方政府之间的互动来制定国家战略。</td><td colspan="3">2003 年：党的十六大报告中确立了创新目标，但没有提供明确的路线图。
2004 年：地方政府考虑到自身的发展环境和创新资源禀赋，提出了地方政策目标。[①]
2008 年：中央政府批准深圳为首个国家创新试点城市。</td><td colspan="2">2010 年：中央政府根据以往的经验开始了大规模的政策实验。[②]</td><td>2016 年：中央政府通过灵活的指导，促进了各个地区创新型城市的发展。[③]</td></tr>
<tr><td>国家自主创新示范区：
选择性识别
在中央政府和地方政府的层次结构之间实现纵向协调，在地方政府之间进行横向政策学习和传播。</td><td></td><td>2006 年：中央政府首次提出了自主创新的目标。[④]</td><td>2009 年：中央政府授权地方政府，并通过批准和认可来指导其政策实验。[⑤]</td><td colspan="3">2014 年：中央政府开始大规模推广自主创新示范区，并在全国范围内推广了经过先前试验检验过的政策工具。[⑥]</td></tr>
<tr><td>全面创新改革试验区：
分层实验
中央政府直接实施一定的政策实验，积极鼓励政策扩散。</td><td colspan="3"></td><td>2014 年：中央政府设定了“全面创新改革试验区”的目标。[⑦]</td><td>2015 年：中央政府制定了地方一级的实验政策，并启动了以政府为主导的政策实验。[⑧]</td><td>2016 年：根据以往的试点经验，中央政府在全国范围内加速了政策工具的推广。[⑨]</td></tr>
</table>

注：① 深圳和杭州是最早提出创新型城市目标的城市。

② 中央政府批准了 36 个城市为国家创新试点城市。科学技术部与国家发改委发布了《关于进一步推进创新型城市试点工作的指导意见》和《创新型试点城市发展评价指标体系（试行）》。

③ 科学技术部与国家发改委发布了《关于发展创新型城市的指导原则和发展创新型城市的绩效指标》。

④ 国家中长期科学和技术发展规划纲要（2006—2020 年）。

⑤ 2009 年，中央政府批准了首个自主创新示范区：北京中关村和武汉东湖。2011 年 3 月，上海张江自主创新示范区获批。这些成为最早的独立自主创新示范区，并在中央政府批准的范围内启动了地方政策实验。

⑥ 批准了包括深圳在内的四个自主创新示范区。

2014 年 12 月 3 日，李克强主持召开国务院常务会议，决定在全国中关村自主创新示范区推广试点六项政策。此外，还批准了包括成都在内的其他四个自主创新示范区。

2015 年 8 月 10 日发布的《关于 2015 年深化经济体制改革重点工作的意见》明确表示“要在某些省份全面推进综合改革实验，建立新的自主创新示范区”。

2015 年 10 月 29 日，国务院常务会议决定在全国范围内实施经自主创新示范区试点的与所得税有关的四项政策。

⑦ 2014 年 8 月 18 日，在中央财经领导小组第七次会议上，提出了全面创新改革试验区的发展设想。预计这些试验区将成为展示和推动创新的区域平台。

⑧ 中共中央、国务院关于深化体制改革，加快实施创新驱动发展战略的若干意见，建议系统实施全面的创新改革试验，并授权进行多种改革试验，涉及改革创新、知识产权、研究机构、高等教育、激励机制和市场准入领域。

中共中央办公厅、国务院办公厅发布《关于在部分区域系统推进全面创新改革试验的总体方案》，指定北京、天津、河北的 8 个辖区为全面创新改革试验区。

⑨ 2016 年 7 月 4 日，国务院批准并重新分配了包括北京、天津和河北在内的八个综合创新改革试验区的改革试验计划。

2017 年 9 月 14 日，国务院办公厅发布了《关于促进改革创新措施的通知》，将在全国 8 个试点地区推广 13 项经过试点的成熟政策。

2018 年 1 月 18 日，包括国家发改委在内的 8 个中央政府部门发布了《关于在全面创新改革示范区域深入推进知识产权保护体制机制改革的通知》。该文件提出了在 8 个试点地区保护知识产权的实验性政策。

2019 年 1 月 9 日，国务院办公厅发布了《国务院办公厅关于推广第二批支持创新相关改革举措的通知》，以推广 23 项政策。

明确的政策目标和一整套经过检验的政策工具。中央政府通过分层试验的过程，直接向某些地区的地方政府下达行政命令，要求它们对某些政策工具进行规模更大的试验，而这些政策工具是在前期经过地方政府小规模试验的。

二、国家创新型城市

（一）决策过程

自20世纪80年代开始，世界经济由工业经济逐步向知识经济转型，创新作为经济增长的驱动因素，其作用日益增大。由于创新活动风险大、投入高、不确定性强及创新产品公共物品属性等因素，企业层面无法独立开展创新，政府在创新体系构建过程中的作用日益受到各国重视（Zhang，2018）。通过创新治理构建国家创新系统，在探索中建立高效的科学技术知识的生产、扩散和应用机制，成为许多国家政府的战略目标。中国政府也积极顺应这种潮流，推出了一系列以“国家创新型城市”为代表的“试点—筛选—扩散”型政策实验。通过结合地方政策试点与中央政策推广的途径找到一条适合中国国情，能充分调动创新资源的创新治理体系。

“国家创新型（试点）城市”（2010年前国务院以“国家创新型试点城市”名称批准地方试点，2010年后统一用“国家创新型城市”名称，后文均称为国家创新型城市）的政策实验从2004年开始，至2018年共确定了78个国家创新型城市。这一政策实验的过程经历了地方自发动员、中央赋权认可、央地互动筛选、试点成熟扩散等阶段。在此过程中中央与试点地方、试点与非试点地方经历了权力下放与再集中，融合式共同学习与信息往复反馈等多层次多维度的交互过程，最终推进政策实验的成熟推广。“国家创新型城市”十多年的政策实验为探寻中国改革实践经验以及探索中国公共政策过程“黑箱”提供了一个难得的窗口。也为构建央地互动模式下的中国实验主义创新治理理论框架提供了契机。

（二）政策试点阶段

2003—2010年为小规模试验阶段，中央释放政策信号，地方政府分散试验，中央与地方共同学习形成明确政策目标。2003年党的十六大将科学发展观写入党章，中央将创新驱动作为中国经济转型的重要目标。但如何制定创新政策，促进创新驱动，中央尚无明确具体的发展蓝图。2004 年深圳和杭州等城市借鉴世界银行《东亚创新型城市研究报告》的思路，率先提出建设“创新型城市”的地方目标。2006 年 1 月中共中央、国务院发布了《关于实施科技规划纲要、增强自主创新能力的决定》，提出建设创新型国家的发展战略。在中央明确的政策信号下，地方政府自发试点达到高潮，济南、重庆、天津等 100 多个城市相继提出建设创新型城市发展规划。中央通过各地反馈收集信息，比较筛选试点经验，但没有直接介入实验和扩散过程。

2006 年中央经过反复筛选，最终选定深圳市经验开始非强制性推广。2006 年，人民日报、中央电视台、光明日报、科技日报等媒体相继介绍深圳市自主创新经验。科技部同广东省人民政府、深圳市人民政府签订共建国家创新型城市框架协议，搭建了首个中央部委与地方城市合作的建设创新型城市合作平台，为深圳市试点经验被中央决策采纳提供了高层渠道。2008 年，经国家发改委批准，深圳市成为中国首个国家创新型试点城市。此后，中央多次组织各地方政府主管部门到深圳进行经验交流和参观互访，鼓励和支持各地方政府学习深圳经验，继续开展地方试验。

（三）政策实验大规模试验和筛选阶段

2010—2016 年为大规模试验阶段，中央政府从地方试点中筛选出经过检验的“典型经验”，在进一步修改后吸收到国家政策中，以国家战略的形式大规模地试点。在深圳市试点经验的基础上，国家创新型城市建设开始上升为国家战略。2010 年，科技部、发改委印发了《关于进一步推进创新型城市试点工作的指导意见》和《创新型城市建设监测评价指标（试行）》等文件。标志着地方试点获得中央决策认可，被吸收到国家政策中。同年，科技部、发改委分别批复 36 个“创新型试点城市”。截至 2016 年全国共有 61 个城市获批成为“国家创新型城市”，中国创新型城市进入大规模试点期。在此阶段，中央和地方通过反复互动学习，形成明确的政策目标。中央政府继续对地方试点进行原则指导，同时加强对试点政策的综合考评，2013 年中央制定了《创新型城市创新能力评价指标体系》，地方政府一方面学习模仿中央批准的创新型城市建设经验，一方面制定和完善本地发展规划和一系列配套措施。

（四）政策实验推广阶段

2016年至今为政策实验推广阶段，中央减少地方赋权，通过互动筛选，明确了符合自身偏好的政策工具，开始推进政策扩散。2016年，科技部、发改委发布了《建设创新型城市工作指引》和《建设创新型城市指标体系》，通过纵向评估的方式，引导地方采纳符合中央偏好的政策工具。在此期间，“创新生态环境”与“创新政策体系和治理架构”开始受到中央关注，被频频提出。这释放了一个强烈的信号，中央对创新型城市试点政策创新的关注重点，从要素投入型创新激励转向创新治理体系优化。在此阶段，地方政府能够自由发挥的创新空间减小，地方政策实验更多落在执行中央政策意图、加速政策扩散层面。

三、国家自主创新示范区

（一）决策情景

改革开放以来，中国政府一直通过多种形式的“试点—筛选—扩散”实验来检验政策工具，试图通过创新友好型地方实验来推动经济发展，并为国家政策规划提供地方实践经验（例如经济技术开发区和高新技术产业开发区）。然而，中国早期的地方试点过于分散，缺乏中央部门与地方政府的政策协调，创新“试点”地区虽然在工业加工和出口方面取得了巨大成功，但在实践层面偏离了中央政府促进国内研发和技术公司成长的“自主创新”初始目标。面对功能偏差和政策错位，中央政府强调在政策实验过程中的权力再集中，在不伤害地方政策实验主动性的基础上，加强中央对实验过程的权威和领导力。“国家自主创新示范区”政策实验模式就是在这一背景下被中央政府推广到全国的。在20世纪90年代末，即“火炬计划”启动10年之后，中国的高新技术产业化已经达到了20世纪80年代末技术决策者所无法预见的程度。科技部对“火炬计划”进行了大刀阔斧的重新定位，呼吁在区域内实现“第二次创业”，着手将已经成立的高新技术开发区分为三类，并为每个类别定义了不同的政策目标和措施，提出“从基础阶段过渡到创新阶段”，并将“自主创新”定义为21世纪中国技术政策的关键目标。

（二）政策试点阶段

随着党的十六大将创新驱动作为中国可持续发展的关键手段，中关村率先响应这一号召。2003 年，北京市邀请发改委、财政部、科技部、商务部和证监会等多个中央部委的代表参加研讨会，讨论“自贸区”试点提高自主创新能力的政策措施。随后中关村统合自身创新资源，利用科研机构密集、创新人才丰富的优势，自发开展了多项创新驱动型政策实验。三年后，中关村经验被纳入中央规划，在《国家中长期科学技术发展规划（2006—2020 年）》中，中央首次提出“自主创新”概念，标志着创新驱动成为国家战略。

2008 年在世界金融危机冲击下，中国政府的创新治理政策实验的进程明显提速，以科技创新为重心的国家创新体系建设和国家创新战略实施成为应对金融危机的重要工具。中央迫切需要实验、识别和推广可行的地方创新政策工具。在此背景下，经北京市市长个人倡议并迅速获得中央批准，中关村于 2009 年 3 月正式更名为“国家自主创新示范区”（紫竹创意中心）。而中关村自 2003 年起进行了一系列试点项目的测试（例如，针对研究人员的新激励机制，为初创企业提供更多的风险投资，政府购买高科技产品，保护知识产权和人力资源管理等政策），被中央政府确认为可行并全国推广。

其他高新技术开发区努力遵循此示例。温家宝总理访问湖北省和东湖高新区（位于武汉）时，湖北省领导抓住这一机会，表示要遵循中关村开发区的方向，提高本地产业的研发能力。2010 年，东湖高新区被国务院正式批准为“国家自主创新示范区”，负责探索提高本地研发集群创新能力的新方法。

科技部支持湖北省政府提升东湖高新区地位的努力，2010 年 4 月，科技部高新技术开发与产业化司司长调任武汉市，被任命为副市长，履职三年。这一人事任命旨在加强中央政府与地方政府在创新政策方面的沟通，央地官员交流既能够更有效地交换信息，促进地方政策实验向高层的信息传达，也赋予地方实验以正式或非正式的高层通道。此后，在武汉开始了宣传中关村经验的媒体运动，武汉地方官员对中关村进行了深入考察。除中关村和东湖外，2011 年 3 月上海张江区也获批“国家自主创新示范区”，开始在中央主导下的地方政策实验。

最初的国家自主创新示范区文件仅限于几个宽泛的战略目标，缺乏具体可操作的政策工具。中央政府参考了中关村和东湖等地方的政策经验后，在税收、投资、知识产权、企业股权和与贸易有关的优惠政策支持下，试图刺激地方政府的主动实验，通过地方政府属地化政策实验寻求高效且容易推广的政策工具集。虽然示范区内的很多试点政策，如创新企业股权改革和融资办法一直维持到今天，但国家自主创新示范区方案所确定的优先事项已经历了多次重大调整。十多年来，这些示范区在高附加值工业出口方面取得巨大成功，引发了国家政策对地方实验的主动或被动回应，推动国家创新战略逐步成型。

（三）政策实验筛选和扩散阶段

随着政策实验的深入，中央政府一方面扩大示范区覆盖范围，另一方面开始尝试统合区域内的创新资源，将国家自主创新示范区打造成为跨越行政级别的区域创新政策实验区。2014 年至 2016 年国家自主创新示范区进入快速增长期，深圳、苏南、长株潭、郑洛新等一批城市、城市群陆续成为中央认可的国家自主创新示范区，示范区总数由 3 个增加至 16 个，此时国家自主创新示范区不再局限于中心城市下属区域，其覆盖面明显扩大，涵盖单个城市、城市群甚至跨省区域。中央政府也在国家自主创新示范区内大力推广经前期“试点”检验的、成熟的政策工具，如中关村“6 + 1”政策、“一体化服务平台”等经验，成为中央通过政策筛选进行“由点到面”传播和扩散的具体体现。

自 2008 年以来，利用地方政策实验矫正和强化中央规划，在央地政府间多次交互政策信息成为国家自主创新示范区政策实验的基本模式。国家自主创新示范区部级协调小组一直承担着中央部门和地方政府间协调者角色，通过业务视察、各示范区之间定期的人员交流，横向的参观学习等手段，实验并推广自主创新示范区各项政策方案。此外，各区域政府机构、技术部门、研究机构和示范区之间也建立了横向的地方行动者网络，提高地方行动者的学习能力和吸收能力。

四、全面创新改革试验区

（一）决策情景

作为拥有大量人口和领土的大国，中国需要平衡中央控制权和地方自由裁量权，这种平衡很难实现（Donaldson，2016）。为克服计划经济下地方政府经济发展激励不足问题，自改革开放以来，中国进行了广泛而深度的权力下放，在财政权力、行政层级、制定规划等诸多领域向地方分权倾斜。虽然权力下放不是零和游戏，但中央政府和地方政府有时会存在分歧，中国当前的区域分权威权体系最显著的特征之一就是中央政府为确保地方政府遵守国家政策而进行的长期努力（Macleod & Goodwin，2004）。虽然过去几十年中国的政治和经济体制发生了巨大变化，但中央和地方利益之间的差距，以及这种差距对国家有效治理能力的制约，仍是当今中国关注的主要问题。考虑到政府间的权力下放是在没有建立明确而具体的权力和能力分配体系（财政、法律、行政）条件下开展的（Shi，2012；Fan，2015；Zhou，2010），这进一步恶化了中央政府与地方政府、地方政府与地方政府间在区域治理和国家范围内的博弈关系。

（二）政策试点阶段

在没有明确目标背景下，地方分散规划往往呈现出混乱状态，在创新治理的很多领域，中央认为需要从制度改革和区域规划层面加强集权。从中共十八届三中全会后，中央政府开始以改革创新作为明确的政策诉求，启动强制性创新治理区域性政策实验。2014—2015 年为政策制定阶段，中央政府释放改革信号，将全面改革作为创新政策制定的突破口和着眼点，由中央结合此前的试点经验，寻求政策突破。2015 年 9 月 7 日，中共中央办公厅、国务院办公厅印发《关于在部分区域系统推进全面创新改革试验的总体方案》，在京津冀、上海、广东、安徽、四川、武汉、西安、沈阳 8 个区域开展全面创新改革试验区试点，并明确指定 13 项具体政策同时推进。在随后的三年中，中央政府陆续授权了 169 项政策，在地方试点启动执行。

（三）政策筛选和扩散阶段

2015 年至今为政策推广扩散阶段，由中央政府进行政策高位推广，加速扩散进程，提升融合程度。2017 年 9 月 14 日，《国务院办公厅关于推广支持创新相关改革举措的通知》发布，主要内容是将 13 项改革举措在全国 8 个全面创新改革试验区域内推广。2018 年 1 月 8 日，国务院发布《关于支持中央单位深入参与所在区域全面创新改革试验的通知》，推动中央部门参与试验区政策实验，形成多方联动。2018 年 1 月 18 日，国家发展改革委、科学技术部、公安部、国家知识产权局颁布《关于在全面创新改革试验区域深入推进知识产权保护体制机制改革的通知》。2018 年 3 月 5 日，在第十三届全国人民代表大会第一次会议上，李克强总理在《关于 2017 年国民经济和社会发展计划执行情况与 2018 年国民经济和社会发展计划草案的报告》中提出：加强国家创新体系建设，深入推进全面创新改革试验，尽快形成第二批可复制推广的改革成果。这些措施的密集出台标志着中央政府加大对试点地区的指导，同时鼓励地方政府在实验中突破现有行政架构，打破多方阻碍，构建国家创新体系和创新友好型制度环境。中央通过定期和不定期地组织座谈会、派出考察小组和督导小组等形式，指导地方实验，吸取地方政策经验并加以推广。

在全面创新改革试验区方案中，中央政府是政策实验的决策者，通过其掌握的政治和经济资源，介入区域政府网络，为地方政策的制定和实施提出指令，并提供技术和政策援助。地方政府发展规划必须同国家的发展愿景相结合，寻求中央政策倾斜。

五、基于实验主义的三种模式比较分析

（一）国家创新型城市的“适应性协调”

国家创新型城市政策实验过程由地方政府首先尝试发起，由中央政府跟进认可，呈现出自下而上的政策实验方式。科技部和国家发改委始终作为中央审批机关负责柔性的协调、指导地方创新型试点城市申报工作。实验前，中央的政策目标并不清晰，只停留在“提高创新对经济驱动能力”的原则性表述上，以城市为主体的试点范围一方面提高了政策灵活性和地方积极性，另一方面也规避了大范围实验的政策风险。中央政府倾向于从地方试点中获取政策经验，并在同地方交互的过程中逐步清晰化实验的政策目标。地方政府被赋予了较大实验权限，可以分散试验多样化的政策工具，通过政策创新的方式竞争创新资源，吸引高层注意力。

在权力下移的实验背景下，中央始终以出台工作指引和考核指标等柔性手段

给予“国家创新型城市”地方政府原则指导，并未出台强制性政策方案，地方政府在没有中央协调的情况下开展实验。各地方出台创新政策往往是高度本地化的，这种强烈的地方色彩既是中央期待看到的分散试验结果，也在客观上增加了地方政府间横向政策学习难度，有时甚至相互冲突。为应对这种情况，试点地方政府积极寻找新的治理工具，他们通过成立研讨会、论坛和联席会议的形式打造地方行动者网络，提高地方行动者的学习和吸收能力。这种行动网络并非依靠传统官僚层级下的命令、监管、指导等直接方式组织起来，而是通过指标认可、信息共享、定期交流、达成共识等柔性手段形成的基层政府自组织。这种网络连接具有更强的弹性和可塑性，通过响应创新政策领域内的特定问题，将不同的地方行动者联系起来，分享隐性和显性的政策知识，加快政策扩散速度。中央发现，这种地方行动网络能够克服央地政府间信息不对称带来的政策俘获和目标偏离，并能将地方偏好和试点经验更有效地归纳扩散，进而推动国家战略的最终成型（Jin，Qian & Weingast，2005）。因此中央政府积极鼓励这种地方行动网络，不仅给予上级认可有时甚至主动推动这种治理模式。

（二）国家自主创新示范区的“选择性识别”

国家自主创新示范区的实验模式由中央政府发起，地方试点在创新和执行的过程中完善政策工具，并在中央指导下推广全国，体现了中央主导与基层赋权相结合的模式。中央政府有清晰的推动“自主创新”的政策目标、多种政策工具供选择，由于中央对政策工具的操作知识并不清晰，因此有目的地在不同地方试点中启动差异化的政策工具实验过程，比较不同试点方案，吸收地方实验知识，进而推广全国。同时，为矫正地方试点在缺乏中央权威情况下的政策目标偏移问题，中央政府有意加大对创新示范区介入力度，2008 年在实验之初，中央就成立了“国家自主创新示范区部级协调小组”，在不同地方开展比较试验，旨在识别出有效的政策知识，可扩散全国的政策工具，如：在中关村等地开展“企业股权和分红激励”试点、“中央级事业单位科技成果处置”试点；在武汉东湖开展“融资补贴风险补偿专项资金管理”试点，“促进金融后台服务产业发展”试点；在苏南开展“高新科技企业融资”试点等。

随着实验的推进，国家创新示范区的范围也在逐步扩大，从最初的城市辖属区域，逐步扩展到城市、城市群和跨省区域规模。这种跨越行政区域的实验范围改变是中国政府对创新要素区域内优化配置诉求的回应，也反映了国家自主创新示范区方案所确定的优先事项调整。中央政府和开展试点的地方政府都认识到，创新治理需要对创新系统中多元主体间关系的介入与干预，这涉及中央、省、市多级政府间关系，以及它们同企业、高校等多方创新主体间复杂创新网络的治理。因此，中央政府和地方政府都成立了跨政策主体和部门的试点政策协调机构，这些机构实质上是中国政府试图运用多层治理方法突破现有行政架构束缚，试点、检验和推广多种政策工具的实验性载体。在中央层面，成立了"国家自主创新示范区领导小组"，该小组以科技部负责牵头，包括21个部委和各个自主创新示范区政府，职责范围涵盖创新试点政策推出、自主创新示范区审批、自主创新示范区政策目标制定及调整、考评标准推行等多个方面。在地方层面，各试点地方政府参考这种模式，推出本地区的多层治理平台。如北京市成立的跨科研机构、创新企业和29家政府部门的"中关村科技创新和产业促进中心"，跨19家创新主体和10家政府部门的"生产力促进服务联盟"。科技部、深交所、苏州市成立的"苏南科技金融路演中心"。江苏省成立的跨20个部门及多个城市的"苏南自创区一体化服务平台"等。这种跨行政层次的制度安排有利于基层意见的直接表达和各项政策实验的主体协调，也能在地方实验中引入中央政策偏好，通过有目的地在各试点开展比较试验检验政策工具有效性并加速其推广。

表6-2　　中央政府和地方政府创新治理协调机构和机制

	名称	成立时间	涵盖机构	协调机制
中央协调机构	国家自主创新示范区部级协调小组	2008年	21个中央部委，地方创新示范区	常设机构
	国家高新区创新方法推广培训班	2009年	科技部火炬中心主办，地方各高新区、自主创新示范区	年度会议
	自主创新示范区工作联席会议	2009年	科技部，各地方自主创新示范区	年度会议
地方协调机构	湖北风电装备产业技术创新战略联盟	2010年	湖北省、东湖自创区、25家企业	年度会议
	科技部与北京市人民政府会商会议	2011年	科技部、北京市政府，每年组织一次会议，发布年度《会商制度议定书》	年度会议

续表

	名称	成立时间	涵盖机构	协调机制
地方协调机构	中关村科技创新和产业促进中心	2011 年	北京市 29 个政府部门、多家科研机构和企业	常设机构
	北京生产力促进服务联盟	2012 年	北京市 10 家市级政府部门，19 家企业和科研院所	常设机构
	苏南科技金融路演中心	2015 年	科技部火炬中心、深交所、苏州市	常设机构
	苏南自创区一体化服务平台	2016 年	跨 20 个部门及多个城市	常设机构

（三）全面创新改革试验区的“分层实验”

全面创新改革试验区方案是中国在新时期推出的区域创新治理实验。中国的区域创新治理经历了从权力下放到重新集中化的转变（Cai & Zhu，2006，Xu，2008）。为了有效平衡区域发展和规范地区竞争，中央政府在长期的权力下放后开始实行集权化（Chung，2016；Mertha，2005）。全面创新改革试验区方案正是这种中央再集权下的创新治理实验。具体而言，创新治理的重新定位要求地方政府在区域范围内形成协同，根据中央标准启动创新治理政策实验（Zhu，2016）。在这个过程中，中央政府可以制定一个统一的国家框架，在中央认为有代表性的地区开展政策实验，将不同的地方政策转变为国家计划。

与西方区域治理的国家重塑模式不同，中国的区域治理模式具有多样性，面临着多种问题。一方面，中国的区域性举措尚未正式制度化。既没有正式清晰的区域边界划分，也没有正式的区域政府机构，中央和地方政府在不同的政策领域对区域范围内的问题制定多种非固定性政策。随着经济地方主义，地方发展也失去了区域愿景和协调，而由中央各部门负责发起的区域计划涵盖了从都市圈、城市群到省级行政区的多种范围，有些是暂行改革，有些是一般政策，而这些举措通常没有明确的实施机制，在全国范围内不是强制性的。另一方面，作为转型国家，中国的区域治理与经济社会改革进程交织在一起。分散的地方区域治理往往受困于自身权力不足和政治风险，无法回应创新主体对制度改革的诉求。为了应对区域横向自发规划的混乱和政府改革需求，中国的区域治理越来越多地呈现出集权色彩。全面创新改革试验区方案下，中央政府享有完全的主导地位，无论是政策试点的审批、政策工具的选择还是试验时机的推进，中央政府拥有绝对的话语权。在实验过程中，大量全局性、根本性的政策改革措施纷纷出台，从法律法规、规章制度、政府职能、权力边界、区域协同、主体关系、服务定位等多个环节重塑了政府治理框架。

全面创新改革试验区方案体现了“分层实验”的治理机制。在该模式下，权力“核心”强力推动，中央有着清晰的政策目标定位和经检验认可的政策工具，实验重心放在改革体制机制和自上而下推进创新政策加速推广上。2015 年，这种实验模式刚一推出就最明确目标是“破除体制机制障碍”，在中央指定的特定“部分区域”系统推进。该项政策实验由国家发展与改革委员会日常管理，向中央全面深化改革领导小组负责。该小组在中共十八大后成立，职权范围广泛。通过成立由发改委牵头，跨 40 个部委、13 个省市和 8 个试点地区的“全面创新改革试验部际协调机制”，中央试图打破行政边界，指导、协调多方关系，推进制度改革并推广政策工具。需要强调的是，中央的集权化并没有完全扼杀地方试点的实验主动权。相反，地方政府通过集权化形成了一种政策学习机制，他们可以通过中央政府建立的平台上学习和扩散试点实验，例如国家会议、协调小组、考察小组、专题调研、座谈会和工作文件。此外，集中化也为地方官员通过政策创新获得高层注意力提供了渠道。

综上所述，表 6－3 对这三种实验模式进行了比较。

表 6－3　　中国实验主义创新治理三种实验模式比较

	国家创新型试点城市	自主创新示范区	全面创新改革试验区
实验阶段	2003—2010 年试点探索阶段 2010—2016 年大规模试验和筛选阶段 2016 年至今政策实验推广阶段	2003—2015 年小规模试点阶段 2015 年至今政策实验筛选和扩散阶段	2014—2015 年酝酿试验阶段 2015 年至今政策筛选和全面推广阶段
治理主体			
中央政府	国务院部委（科技部、发改委）	中央政府（国务院批复）	中央政府（中央深改组牵头，地方申请，国办批复）
地方政府	以城市为创新主体 统筹考虑东中西部	既有城市、城市群，也有特定区域	省内城市群、跨省区域、核心城市
央地协同	中央政府以政策愿景为主，不过多干预下级政策实验	中央组织政策的局部实验与地方自主政策创新并存	中央推动政策全面落实

续表

	国家创新型试点城市	自主创新示范区	全面创新改革试验区
地—地竞争	试点地方政府以政策创新为主要手段开展竞争	地方政府结合自身特点开展差异化政策创新竞争	地方政府以政策落实效率为主要手段开展竞争
地—地协同	城市内部协同配合 较少省级层面统合	省级内部、跨省级行政区域协同，多种层面政策创新主体竞争协同	由中央层面跨部门、跨区域协同
		政策试点	
政策目标与工具	中央层面制定原则性指导性目标、创新城市有较大政策自主权、国家出台具体考核指标（有政策目标，无政策内容、无政策工具）	中央制定较为明确的政策目标、政策内容 无具体的政策工具	有明确的政策目标 有清晰的政策内容 有具体的政策工具
治理框架	保持既有制度框架 保持固有行政层级 调动社会资源协同治理	保持既有制度框架 打破固有行政层级 调动社会资源协同治理	改革创新体制机制 打破固有行政层级 以政府为治理主体
政策资源	调动经济资源为主要手段 几乎未调度政治资源	调动经济资源为主 较少调动政治资源	调动政治资源、组织资源为主要手段，调动经济资源为辅助手段
		政策筛选	
筛选	层级制试验：适应性协调 对比性试验：政策工具模糊性 选择性分权：扩散政策异质性	跨层级制试验：选择性识别 对比性试验：政策工具模糊性 选择性集权：扩散政策同质性	跨层级试验：分层实验 非对比性试验：政策工具清晰化 选择性集权：扩散政策同质性
政策创新与试点经验	下级自发试验，中央考察认可	上级组织试验与下级自发实验	中央指定性试验，强制性政策推广
		政策扩散	
扩散过程	地方自发扩散为主，中央制定指标考核，较少干预扩散过程	地方自发扩散与中央助推扩散相结合	中央推动扩散，加速扩散进程
扩散机制	竞争、学习为主，存在一定的模仿，强制、社会化手段较少	竞争、学习、模仿为主，存在一定强制，社会化手段较少	强制、模仿、社会化为主，存在一定的竞争、学习关系
扩散工具	下级政策内容与工具多样化	下级政策内容与工具趋同	政策内容与工具的强制性扩散形成共识

资料来源：根据政府文件、工作报告分析整理。

六、本章小结

在本章，我们通过分析中国实验主义创新治理过程中央地政府间的纵向互动和横向互动，推进了中国的实验主义创新治理研究。在中国这样一个转型国家，政策环境变化较快且频繁（Boushey，2010；Spanly & Wilden，2006），这意味着决策者需要意识到，应适当创新各种资源和机遇。实践者需要促进基于证据的决策，关注来自多个方向的信号，包括同级政府、下级政府和上级政府（Vertinsky & Potter，2012；Liu & Rao，2006）。实验主义创新治理模式可以帮助地方领导人找到吸收政策经验的最佳途径，也可以帮助中央领导人选择适当的方式在地方政府中推广更为“因地制宜”的政策工具（（Heilmann & Perry，2011；Porter，2014；Sabel & Zeitlin，2010）。本章通过对“国家创新型城市”“国家自主创新示范区”和“全面改革创新试验区”三种政策实验历史过程的梳理，将创新政策、实验主义治理理论与威权国家政府背景相结合，描述中国多层次政府如何从实验主义治理中寻找中国创新治理的路径，概括了中国实验主义创新治理的三种模式，既“适应性协调”“选择性识别”和“分层实验”。

具体而言，在中央政策目标模糊，政策工具未决的情况下，采取“适应性互协调”的模式。这种情况意味着中央政府不熟悉相关问题或者面临新出现的问题，此时以基层赋权的实验方式赋予地方更大空间，允许他们对实验细节采取主动行动，中央在实验过程中吸收地方实验知识，逐步完善政策目标和政策工具，进而筛选推广。在中央政府政策目标清晰，政策工具未决的情况下，采取“选择性识别”的模式。基层赋权与中央指导相结合，有目的地指定有代表性的地方实验区域检验政策计划、筛选最优政策工具并比较其具体效果。在中央政策目标清晰、政策工具明确的情况下，采取“分层实验”的模式，此时倾向于集权，央地政府间的纵向权威强化，地方政府间的横向联系弱化，中央政府成为创新治理政策实验的推动者，以自上而下集权的方式制定了一个统一的框架，选择有代表性的地区开展政策实验，将不同的地方政策转变为国家计划。地方政府以执行为手段吸引中央注意力和政治资源。

本章内容也加深了我们对传统单一制国家的多级政府行为和相互作用的理

解。中央政府在实验主义创新治理的过程中，根据不同的政策目标、手段和授权方式，采取不同的、灵活的措施，使各级政府通过经常性的互动，为国家战略的制定作出贡献。本章所述的模型展示了一个路线图，通过这个路线图，实验性的治理是适用的。然而，多种不同的创新实验在中国不同区域内同时推进，中央政府因何种原因认可或选择特定区域开展政策实验？其实验的政策目标和政策工具如何被尝试、筛选并在全国推广？这些问题的答案需要对典型案例的深入研究。在下一章，本书将以中关村科技园四十余年的创新实验为例，通过深入挖掘中关村高新区的历史脉络和实验主义治理演进，尝试回答以上问题。

第七章　中国实验主义创新治理典型案例

以第五章和第六章宏观分析中国“国家高新技术产业开发区”“国家创新型城市”“国家自主创新示范区”“全面创新改革实验区”体现的实验主义创新治理模式为基础，本章将中关村作为中国实验主义创新治理的典型案例进行分析，通过梳理其发展过程中央地政府的互动过程实验，勾勒出中国情境下实验主义创新治理政策“试点—筛选—扩散”过程，以及多层政府间的张力关系。

选择中关村作为典型案例基于以下两点原因：中关村是政府批准的首个国家高新技术产业开发区，从 1988 年至今历经三十余年的发展，分析其诞生、发展和成熟过程，有利于揭示中央与地方交互推动的实验主义创新治理模式；中关村作为政策试点，1988 年被确定为首个“国家高新技术产业开发区”，2009 年成为首个“国家自主创新示范区”，2010 年成为首批“国家创新型城市”，2016 年被纳入京津冀“全面创新改革实验区”，成为完整经历四种创新政策实验的样本，中关村科技园的很多创新治理政策都被中央政府推广到其他地区，其治理过程中政府与市场、中央与地方、政策与高技术产业间的互动演变，为我们打开政策黑箱提供了机会之窗。

一、中关村科技园区的试点改革背景

从广义上讲，园区是一种基于创新的空间区域。它具有以下特征：与大学或其他高等教育及研究机构密切联系，能够促进基于知识的企业和其他组织，以及积极地将技术和商业技能转让给区域内组织（Storey & Tether，1998）。通常，这种活动促成了具有空间集中的中小型企业集群网络，这些企业通常使用灵活的生产技术，并且具有广泛的本地企业间联系（Harrison，1994）。技术园区的核心在于打造区域内有效的企业网络（Malecki，1995）。

斯科特（Scott，1992）指出，很难在集群出现之前就对其进行识别。对确定先导条件的兴趣促使学者们研究可能促进产业集群崛起的区位因素：军事基地、研究型大学、科学园、国际机场、风险投资公司和娱乐设施（Markusen，1986）。例如，区位因素至少部分地解释了为什么半导体产业在硅谷得以发展（Scott，1989 年），因为硅谷的斯坦福大学提供了工程人员和一个高科技工业园区，该地区拥有一些先前存在的电子公司，旧金山湾区有许多军事和航空航天企业可以成为潜在客户。中关村地区也存在类似情况，随着 20 世纪 80 年代中关村科学园的建立，该地区涌现出一批半导体公司。

自 20 世纪 70 年代后期以来，改革开放从根本上改变了中国经济格局，遵循这渐进式改革的方法，中国逐步颁布了一系列创新政策，为计划经济向市场经济转型提供了条件。经济改革与扩大开放的背景导致了更多的国内外竞争与合作（Tan 和 Litschert，1994），企业家精神的出现以及更灵活、自负盈亏、以技术为基础公司的诞生和成长。中关村位于北京市海淀区，该地区长期以来一直是中国最大的知识聚集区，拥有密集的研究和教育机构，其中有十几所中国一流的大学和中国科学院（CAS）下属的二十多家全国领先研究机构。尽管中国政府数十年来一直在该地区进行大量投资以促进研究和高等教育，但直到 20 世纪 80 年代初，中央政府才承认科学技术知识的商业价值。此前，科学技术研究很大程度上与工业隔离，研究人员几乎没有动力将其研究成果商业化，由于专业人员的流动性受到限制，问题变得更加复杂（Shipan & Volden，1989）。

20 世纪 80 年代初，中国出现了更具创新性的氛围（Wang 和 Wang，1998），政府通过建立一些市场导向的机制，重组了研究机构。例如，国家大幅削减 CAS 下属机构研究与开发（R&D）的基本资金，鼓励 CAS 建立自筹资金和以市场为导向的新企业，将科研成果推向市场。国家还启动了直接支持某些科研和开发计划的项目，例如 863 计划，其目的是缩小中国与其他工业国家在高科技发展方面的差距（Wang，1999）。随后的“火炬计划”推动了科技创业公司的兴起（Wang，1999）。科研机构和大学的重组以及新的科研和开发计划项目为中国高科技发展形成了良好环境，鼓励国有机构建立研究密集型和市场驱动型企业来挖掘其创新潜力（Graham，1989；Jin，Qian & Weingast，2005）。随着经济体系变革，中关村科学园形成了一批高科技初创企业。

在过去的四十多年中，中关村科学园发展主要经历了三个阶段：（1）20 世纪 80 年代至 20 世纪 90 年代初的技术创新阶段；（2）从 20 世纪 90 年代初到 21 世纪初的市场创新阶段，（3）从 21 世纪初至今的治理创新阶段。

二、从 20 世纪 80 年代到 20 世纪 90 年代初中关村技术创新历程中的政策实验

（一）中关村早期试点历程

20 世纪 80 年代中央肯定了改革开放战略，但对于哪些可以做、哪些不能做则没有明确，许多改革措施与当时规定有诸多矛盾之处，改革者失去了上级支持就很难成功。20 世纪 80 年代在中关村开始了一项自下而上的试验，几名专业人士冒着多种风险，致力于在该地区建立市场化企业的早期试验（Lu，2000）。中国科学院物理研究所的陈春贤及其合作伙伴创建了一个创新型企业——等离子学会先进技术发展服务部（ATDBPA），这是中国技术转让和传播企业的原型，其灵感来自硅谷的成功。但在传统计划经济拥护者眼中，工程师和科学家应该专注于他们所属的研究机构或大学指定的研究任务，把创业企业留给企业家，在没有政府认可的情况下，初创高科技企业及其企业家举步维艰。

“科学家不再做研究；教授不再教书；他们都跑到街上去卖电脑！这就是“技术产业化”？多么可笑！他们卖电脑只是为了中饱私囊；毕竟，做生意比教书挣的钱要多得多。”（A4，2018）

这种情况直到 1983 年初才有所改变，地方政府站在了陈春贤的一边，中央政府对陈春贤作为中国第一家非国有创新企业的创业者给予了积极评价。中央同意建立一个科技园，并制定了管理科技园的临时制度，还批示成立行政委员会，协调财政、贷款、银行、税务、外事、法律规定和人才管理等问题（天则经济研究所，2008），该批示在后来发展为一份正式文件，推动了中关村科技园的发展。1988 年 5 月，北京划定了“北京新技术产业试验区”（简称“北京科技园”），并制定了一系列鼓励创办高新技术企业的政策。20 世纪 90 年代初，以研究型科学家为首的创新型企业如雨后春笋般涌现，其中，北京大学方正集团、清华大学

紫光集团和同方集团、中科院计算机技术研究所联想集团等科技型企业成为中国领先的产业组织。研究表明，企业有聚集动机，以增强合法性并避免新责任（Aldrich & Fiol，1994；Singh，1986），增强合法性的主要方法是获得政府支持，这在中国转型经济中尤为重要（Tan，1999）。

“早期的高科技企业家都是受到热情和创业精神激励的科学家或研究人员。他们变成了无所不能的超人，不仅能够创造技术发明，还找到了销售产品的市场。有时他们作为推销员来推销他们的技术，有时他们与政客们密切交往以减少政治上的麻烦或获得更多的便利；有时，他们甚至作为运输承运人，如果面临人员短缺。他们的成就感来自于他们的知识转移到应用产品上，他们不仅获得了经济上的回报，也使公众受益。”（A3，2019）

对于中关村，其诞生和成长背后的“有形之手”是开发区管委会，这是管理新技术公司的主要监管框架（Gu，1996）。作为一个监管机构，开发区管委会主要根据国家政策的规定处理新技术公司的许可、税收、国际贸易、金融和投资、就业和知识产权等事务，但会在执行中稍加修改。作为支持机构，管委会将一些初始资金投入新创业公司所需的基础设施中，并提供管理指导。它还充当高科技企业和资金来源之间的联络人，经常提供参考资料，并作为非正式担保，使高科技公司可以申请银行贷款和政府资金（Gu，1996）。在提供支持方面，管委会还对公司进行监督，以确保它们遵守法律。它向表现良好的公司颁发证书，这是使它们有资格获得国家科学技术贷款的前提；表现不佳的公司将从高科技公司列表中删除，并排除在管委会的优惠待遇之外。

北京市政府划定了一块 100 平方公里的土地，大约占海淀区面积的四分之三，该地区实际上是一个行政飞地，被允许在没有太多限制的情况下按自己方式行事。中关村实验区有了自己的临时行政规章，得到了中央批准，共 18 条条例，主要包括：

（1）公司所得税税率为 15%，当年出口产品产值超过 40% 时，减为 10%。

（2）新办高新技术企业前三年内不需要缴纳所得税；从第四年到第六年只缴纳一半的所得税（简称三免三减半）。

（3）高科技公司被允许参与国家基础设施建设。

（4）自筹资金的公司不需要支付税收在第一个五年建设的生产经营住房。

（5）高科技公司进口部件以及生产出口导向的产品不需要取得进口许可证书，也不需要缴纳出口关税。进口零部件不能在国内生产的企业，经海关批准后五年内不缴纳进口关税（后因胡兆光的请求增加此项内容）。

（6）区内企业享有对外贸易经营权。

（7）高新技术企业不缴纳奖金税（中关村暂行法，1988）。

“开发区管委会是副区级行政机关，赋予行政通信、企业管理、工商管理、财政审计、税务等方面的自主决策权。园区成为对外开放的高新技术产业开发区，具有新的管理模式和法规。多个顶级教育机构的优势和大量高度竞争的人才，逐步形成规模经济，在不久的将来成为“全球影响力的高科技发展区域。”（开发区管委会，2007）

为了招募具有改革思想的管理者，行政机构不再直接任命中关村行政委员会的负责人或其他管理人员，他们发表声明，要从公众中选出该地区的行政官员。该项举措本身就是一项重大制度改革。官员们收到了 8000 多封申请信，批准了 1584 封，候选人进入面试程序竞争 50 个工作岗位，经过三轮激烈竞争，行政机构最终选择了胡兆光——时任北京医药集团中层经理——作为中关村行政委员会负责人。胡兆光后来担任北京市副市长（Hu，2011）。

为了简化企业行政审批程序，中关村委员会引入了“一站式”服务模式，将工商局、财税部门、企业管理部门整合在一起。企业可以一次性获得工商登记、税务登记、高新技术企业认定等行政审批。对于比较复杂的问题，管委会可以派上述办事机构的代表到企业现场帮助解决。由于在计划经济体制下，政府通常具有高度权威性，这种“服务型”的副区级行政机关在当时很有特色。

统计数据显示，1988 年至 1994 年，开发区管委会认可的高科技公司年增长率为 48%，到 1994 年底，高科技公司总数达到 4299 家。1993 年的一项调查发现，开发区的高科技公司集中于计算机、半导体和图形处理技术（Gu，1996）领域。表 7－1 总结了中关村科学园早期发展的里程碑事件。

表 7－1　　中关村发展的里程碑

时间	事件
20 世纪 70 年代末—80 年代初	中关村在引进苹果公司和 IBM 公司后，率先掀起了 PC 革命。1980 年 10 月，隶属于中国科学院物理研究所的陈春贤带领一群科学家建立了准商业的创新型企业，在国内尚属首次，将科研从实验室延伸到市场

续表

时间	事件
1983 年	中关村成立了第一个致力于科学发展的民营企业实体——北京国泰新技术研究所，随后成立了包括静海和科海在内的 11 家企业
1984 年	中央政府宣布了经济体制改革的决定，开始了全国范围的经济改革。在海淀区政府支持下，中关村涌现了四十多家高科技公司，成为中关村科学园前身（中关村电子街）的核心
1985 年	更多贸易公司进入中关村分销高科技产品
1986—1987 年	1986 年初，中央政府开始全国性打击经济犯罪的工作，1987 年，中央政府宣布“两次放松管制”，中关村掀起新一轮的创业热潮，计算机和电子产品技术成为中关村的领先领域
1988 年 5 月 1 日	中国正式建立了北京新技术产业实验区，即中关村科学园
1992—1993 年	1992 年邓小平南方谈话将中国改革推上了一个新台阶。截至 1993 年底，中关村注册公司总数达到 3769 家。在外国公司的激烈竞争下，许多中关村的公司快速扩展国内市场，甚至瞄准海外资本市场进行融资。中关村成为最具影响力的国际产品分销中心和国际品牌竞争的主要“战场”
1997 年 9 月 12 日	1997 年 9 月 12 日，第十五届全国人民代表大会正式承认中关村作为中国改革实验区所做的贡献。它在全国 IT 产品交易中心的主导地位也开始受到其他地区追随者的挑战

（二）央地互动与中关村的早期实验探索

计划经济下的中关村是一个科学精英聚集的区域。但遗憾的是，市场化改革之前的中关村以及中国广大地区，研究和工业没有紧密联系。大学和研究机构专注于基础研究，企业隶属于国家机构，完成政府指定的任务。大学、研究机构与企业之间很少有交流。

在早期实验阶段，中关村取得的关键突破是成为第一个将市场经济引入高技术领域的地方试点。自筹资金、自主经营的民营企业成为有效促进经济发展的市场主体，这在计划经济体制下是难以实现的。政府开始探索新方式来管理企业和保护市场，中央政府和地方政府在这一过程中发挥了不同的作用。

在改革开放初期，中国市场体系并不完善，地方政府在保护新兴的高科技公司方面发挥了重要作用，减轻了保守派的疑虑、敌意和攻击。同时，地方政府向中央提供了积极意见，在尚未改革的计划经济环境让高科技公司生存下来，当企业违反了现有规则时通过模糊处理和柔性手段保护初创公司和新兴市场。由于没有专业的风险投资人、法律咨询公司或其他能够为高科技初创公司提供财务、法律和信息服务的公司，地方政府不仅在行政管理方面提供了服务，还扩展到创业支持，通过提供财务、会计、广告、孵化和其他业务推广服务满足高科技初创公司需求。

中央政府的认可对中关村发展发挥了关键作用，这个政策试点是在中央政府高度关注下诞生的，正是中央政府对陈春贤创业精神的鼓励和对中关村电子街的认可，才使得中关村成为高科技市场改革的试验区。中关村的诞生和发展，体现了中央领导打开科技领域制度改革大门的意愿。

值得注意的是，在市场化改革初期，中关村的“违规现象”（与计划经济体制相冲突）不仅“普遍存在”，而且还受到“鼓励”，园区诞生的背景是探索一条民营高科技企业赚钱、科研成果有效转化的可行之路。中关村企业家们的热情打破了规则，受到地方政府鼓励，最终得到中央政府认可，正是企业家们的“违规行为”改变现有规则，推动以新的市场经济模式规章制度取代旧的计划经济模式规章制度。中关村科技园区规定允许民营高科技公司在没有许可证书的情况下进口零部件或出口产品免关税的临时规定就是一个例子。但在这个过程中也产生了结构不确定性问题（The Problem of Structural Uncertainty），从而导致缺乏根本创新的问题。

在早期实验阶段，大多数“高科技”公司并没有进行复杂技术的独立研究，虽然也有一些重大技术突破，甚至生产出商业化的产品，但主要还是从事对外贸易，大部分自主开发的技术主要是模仿或适应。其原因在于：首先，环境不利于本土创新——民营企业仍然受到歧视，为了避免麻烦，许多民营企业登记为集体所有。其次，这些高科技公司在融资、营销等方面面临困难，知识产权保护未引起重视，这些高科技公司难以承担复杂技术开发的长期性和高风险。最后，高科技公司很容易从销售外国高科技产品中获利，由于跨国公司不被允许进入受保护的中国市场，这些高科技公司成为他们的代理商，这种情况到20世纪90年代发生了变化，跨国公司开始进入中国市场，这些高科技公司不能简单地通过倒手赚钱了。

三、从20世纪90年代初到21世纪初中关村市场化改革中的政策实验

从20世纪90年代初到21世纪初，中国政府面临着在全国范围内深化改革

的挑战。管理者开展寻找适合市场环境规则的实践探索如何改造旧制度，中央政府提出了通过提升国有企业竞争力、开放国内市场、鼓励民营企业发展等方式鼓励高技术领域创新（Cao，2002），但实践表明，这些措施并不如预期那样令人满意，关键在于缺乏支持技术转让和自主研发的规则和做法。体制支持要求在此方面进行改革——这是一个长期过程，需要中央和地方不断的相互作用和协调。中国政府结合该阶段经验，认真思考改革制度框架，通过创新治理方式寻求制度红利和治理转型。中关村作为政策实验的排头兵，开始了市场化改革早期探索，在某种程度上可以说，中关村创新治理试点经验为中国吹响了体制改革的号角。

第一项战略是加强国有企业。从 20 世纪 90 年代初到 21 世纪初，中国政府高度重视国有企业，中央政府出台了大量鼓励大型国有企业发展壮大的政策。1994 年，中央政府宣布发展电子、汽车、石化、建筑四大支柱产业，这些产业均由国有企业垄断。1995 年出台的《关于加快科技进步的决定》规定“在社会主义初级阶段，基本经济制度是公有制为主体与多种所有制共同发展”，国有企业被定义为推动经济发展的主要力量。1998 年，中央政府开始对小型国有企业实行私有化，启动了“抓大放小”工程，该工程不仅旨在减轻国家对小型国有企业的负担，而且扩大大型国有企业规模和政府投资，为大型国有企业提供保护，帮助它们具有全球竞争力（中国改革网，2013）。

第二项战略是自主创新与引进技术相结合。1995 年的《关于加快科技进步的决定》指出，技术进步应该通过“与世界领导人的频繁交流”来实现（Cao，2002）。20 世纪 90 年代末，随着中国加入世界贸易组织，国家进一步消除了国际贸易和外国投资的制度壁垒。政府不仅鼓励更多的外国直接投资和大量的学生出国留学，而且允许世界领先的高科技外国公司参与“863 计划”，以寻求取得重大突破。但与此同时，中央领导人告诫说，中国也应该注意“自主创新”，因为最先进的技术是不能从别人那里购买的（Cui，2000）。

中央政府做出的第三个重要改变是强调私营高科技公司，声称它们是“创新的主要引擎”（Liu，2011）。1992 年后，中国的政治气候从对私营企业的戒备转向“鼓励”非公有制经济。中央政策规定，非公有制经济是社会主义市场经济的“重要组成部分”。后来，中央政策又进一步鼓励私有制。2002 年，全国人民代表大会通过了《中华人民共和国中小企业促进法》，承认了私营中小企业和国有企业在创新上具有同等重要的地位。

（一）加强国有企业

受东亚模式成功的影响，中国中央政府在这一时期大力发展国有企业，希望它们成为像韩国大型集团或日本大型集团那样的全球竞争选手。但日本和中国案例的最大区别在于，日本政府支持大型私营企业成长为全球竞争者，而中国领导人则把希望寄托在国有企业身上。直到 2003 年，中国国内证券交易所的首次公开募股中只有 6.97% 是私人公司，而其他的都是国有企业，股票市场成为官方宣称的国有企业融资脱困的工具之一。

政府对国有企业的扶持并没有产生令人满意的效果。许多国有企业都因为各种原因而失败。在半导体行业，华晶电子集团公司曾在 20 世纪 90 年代承接全国著名的“908 工程”，是推出多项集成电路设计名优产品的龙头企业。然而，在经历了几轮重大的转型后，华晶无法改变其艰难的处境，最终在 2002 年被卖给了一家私营公司——无锡华润公司。类似的命运也发生在重庆长江陶瓷身上。在 20 世纪 90 年代末和 21 世纪初，重庆长江陶瓷曾是中国主要的精细陶瓷出口商。其著名的高档产品在亚洲广泛销售，是美国、英国、德国、意大利和瑞士陶瓷公司的主要 OEM 制造商。公司曾得到朱镕基总理的肯定，他从国家经贸委拨出 400 万美元来支持该公司的技术改造。作为一家成功的国有企业，重庆长江陶瓷的繁荣并没有持续太久。2007 年，在经历了多年的亏损之后，新的重组将其改为私有公司，更名为金威陶瓷公司。

国家对国有企业的支持，不仅浪费了本应投入到国民福利或经济刺激中的大量公共资产，而且影响了私营部门的进一步发展。今天，国有企业在中国经济中仍然扮演着重要的角色。国有企业仅占中国企业总数的不到 5%，但占中国企业资产的三分之一，规模是非国有企业的 14 倍。但上述案例表明，中国国有企业并没有像中央预期的那样产生令人满意的结果。研究发现，数十年来，国有企业的盈利能力低于非国有企业，自 2008 年全球经济危机以来，国有企业与民营企业之间的利润差距越来越大。2008 年之后，国有企业的资产收益率大幅下降。国有企业只有在垄断行业才有较好的盈利表现，而在非垄断行业，国有企业的盈利表现要比私营企业差得多。在创新能力方面，国有企业也要弱于私企和外资企业。研究发现，与私营企业和外国企业相比，国有企业进行的内部研发活动最少，即使与研究机构或其他公司合作，也不会产生显著的产品创新。

国有企业发展的无效导致了国家产业政策的巨大变化。在21世纪前十年中期，国家没有推进一些有针对性的国有企业扶持政策，而是改变了战略，改善所有类型企业的总体市场环境。与这一趋势相伴而生的是，政府的作用从具体的部门干预转变为仅仅进行宏观经济规划，并在不同的机构团体之间进行更好的协调。

20世纪90年代是中关村公司和其管理者的艰难时期，国际化和大企业推广成为其主要目标。园区为中小民营企业提供了一系列优惠。管理者发起了制度改革，包括股权引进、知识产权保护和公共机构私有化。尽管有这些努力，企业的研发投资仍然很低，自主创新仍然很弱。中关村的管理部门不断与中央沟通，帮助最高权力机构为市场参与者制定新规则。但是，新规则取代旧规则的过程需要很长时间，其中涉及许多争议、困难和阻力，并受到落后于中关村改革步骤的更大监管环境的制约。

（二）吸引跨国公司

在以技术服务经济发展目标的指导下，中关村开始专注于房地产开发，通过吸引跨国公司来增加就业和税收。

“中关村曾经的目标‘技术、工业和贸易’已经转变为‘贸易、工业和技术’——贸易被认为是最重要的重要的GDP促进因素而被放在首位。”（A0，2019）

“当然，政府并没有完全放弃中小企业和创业企业。在孵化器建设上也投入了一定的资源。但效果并不像管理者预期的那样好，因为跨国公司和大公司吸引了政府的注意力。”（A2，2019）

20世纪90年代末，吸引全球500强企业成为中关村的核心战略，“一区多园”格局初步形成。中关村管委会还启动了总部基地计划，旨在吸引跨国公司和其他城市的大公司将总部设在中关村园区的中心区域，同时让他们的工厂设在周边地区。另一个领域将不仅集中大公司总部、高科技管理机构，还将吸引金融服务机构、风险投资机构、购物中心和娱乐广场。

跨国公司的技术溢出效应不明显。根据对中关村的调查，2004 年，该地区的主要产值来自于技术贸易，而从自主研发技术转移过来的生产率仅占不到 3%，这说明贸易并没有有效地拉动该地区的研发能力。许多跨国公司没有在中关村设立任何研发中心。贸易成为该地区的主要行业，而研发成为第二行业。

“全球跨国公司的技术溢出面临许多制度约束。由于知识产权保护不力，抄袭现象十分普遍。因此，外国企业不愿意在没有合理利润的情况下转让其核心技术。”（E13，2019）

此外，国内公司过分依赖外国技术。滞后的立法框架产生了许多制度上的不确定性，使研发投资不仅成本高昂，而且风险很高。因此，企业宁愿从跨国公司购买昂贵的技术，也不愿自己投入研发。此外，这一时期的全球反倾销运动并不像 21 世纪前十年中期那样严重。这种宽松的出口环境使国内企业没有动力从事长期复杂的技术研究。跨国公司低水平技术溢出的另一个重要原因是当地领导人的宽容。

“在这一时期，经济发展被放在首位。中央组织部门把 GDP 作为衡量干部执政能力的首要指标，决定了干部的职业发展。因此，当地管理者认为跨国公司的经济效益是最重要的贡献，即使他们在本土技术推广方面做得不够。”（E14，2019）

（三）困境中的私营企业

在致力于吸引全球跨国公司的同时，中关村的管理者也没有忘记照顾中小企业。

“虽然全球 500 强企业是我们的主要目标，但我们也需要照顾中小企业的利益，因为它们给我们的地区带来了活力。我们可以建立孵化器，为中小企业提供较低的租金，并为他们提供良好的发展项目。”（A2，2019）

尽管政策强调照顾私营中小企业，但很难在吸引跨国公司和促进国内中小企业之间取得平衡。由于经济发展被认为是这一时期最重要的任务，中小企业在实践中受到了很大的歧视。跨国公司凭借其先进的技术和成熟的经营战略，迅速立足并主导了中国的高科技产业。地方高新技术企业在激烈的竞争环境中开始了长期的奋斗、适应和发展。

1993 年，中央政府开启了新一轮市场改革，包括将电子产品关税从 82% 降低到 15%，吸引更多的跨国公司在中国开展业务。许多世界著名的电子公司，如 IBM、英特尔、微软、通用、佳能、日立、NEC、三井等，纷纷涌入中关村。处于降低制度成本的考虑，跨国公司通常选择国内公司作为销售伙伴。这种合作关系保证了稳定的现金流和对国内企业的技术溢出。问题是，这些跨国公司拥有丰富的商业经验和先进的技术，它们的产品很快就主导了中国电子行业的市场，使国内公司只能作为跨国销售代理或低水平的供应商参与竞争。国内企业与世界著名跨国公司的合作为国内企业提供了一定的利润空间，从而大大降低了国内企业发展本土品牌或自主创新的动力。此外，在 20 世纪 90 年代，研究机构和企业大多仍然是相互孤立的。研究商业化的资金非常有限，使得技术转移和研究成果产业化的成本非常高。

私营企业面临的挑战不仅是市场份额的萎缩。随着跨国公司对中国市场的日益熟悉，他们开始脱离国内的中介公司，直接与客户打交道。尽管一些公司仍然坚持使用销售代理，但由于合作伙伴之间的激烈竞争，他们向中国合作伙伴提供的利润非常低。此外，国内企业也难以吸引有竞争力的人才。20 世纪 90 年代，跨国公司的员工工资通常是本土公司的 10 倍，这使得它们成为求职者的最佳选择。国内中小企业吸引人才的困难进一步加剧了其自主创新能力匮乏的问题（A7，E14，2019）。

“如果你当时去中关村电子购物中心，你会发现柜台上几乎没有中国品牌的产品。本土研发相当薄弱。国内高科技企业的企业家们用“狼来了”这句话来描述跨国公司将他们赶出国内市场的情况。”（E14，2019）

这一时期民营中小企业所面临的挑战也源于许多制度上的障碍。第一，他们缺乏信贷支持。中小企业的财务记录，如融资统计、会计和税收，不是不完整就是不一致。这种不透明的运作方式使得金融机构很难对其业绩进行准确评估。因此，中小企业很难从专业的金融机构获得资金。

第二，风险投资公司数量较少，对高新技术中小企业感兴趣的公司较少。由于市场环境的不确定性，企业很少从事新技术的研究。大多数所谓的“高科技”

中小企业实际上依赖于对国外成熟技术的模仿和改造。事实上，企业主要依靠两种融资渠道：自筹资金和银行贷款。因为法律没有允许以知识产权等非动产作为抵押，银行对财务状况不佳的中小企业颇有歧视，中小企业贷款的审批程序比较复杂，很难获得一年期或较长期的贷款。

第三，中小企业融资渠道有限。到2006年，中国的资本市场体系尚未完全建立，公司只通过主板上市来寻求公共融资。但是，中央政府制定了严格的规则来控制融资风险，并设置了复杂的行政程序来批准上市。对公司规模、股权、盈利能力和现金流都有非常严格的要求。由于IPO额度、资金回报有限，专业担保机构不愿意推荐中小企业。因此，大多数中小企业职能通过民间非正式借贷来维持企业的经营，非法交易和高利贷非常流行。

第四，由于法律结构不完善导致的国内企业之间缺乏信任，也是自主创新不足的原因。由于该地区知识产权保护不足，法律制度执行不力，许多公司宁愿相信在本国拥有良好信用记录的跨国公司。本地企业倾向于与跨国公司在分包、伙伴关系制定和战略联盟方面进行合作，而将其他国内企业视为争夺市场份额的竞争对手。

（四）中关村创新绩效

国有企业缺乏竞争力，国内民营企业发展滞后，导致了中关村的创新绩效不佳。虽然中关村管委会在“十五”规划中制定了发展目标，声称“到2005年，开发区将初步建成技术创新基地”（中关村管委会，2007），但是事实上，在20世纪90年代和21世纪初，中关村很少发展自己的自主创新能力。

包括联想和方正在内的许多所谓的高科技公司，都将主要资源投入到研发创新以外的业务，包括房地产、娱乐、食品、股票运营等。在没有核心技术的情况下，联想和其他个人电脑公司在微薄的交易利润中苦苦挣扎。他们的股票价值由于技术能力的丧失而下降。实际上可供企业使用的创新技术非常有限（Liu，2003）。2000年，全区只有10%的高校科研成果实现了商品化。参与科技相关活动的企业的销售收入仅占中国所有高科技企业的2.3%，而其中一半来自中国顶尖两所大学——北京大学和清华大学的几家附属公司（Ma，2004），这表明，在技术方面，中关村的研究机构之间发展非常不平衡。

20 世纪 90 年代全球跨国公司在中国高新技术市场的主导地位，使国内民营企业面临着技术能力低、市场经验少、融资困难等诸多挑战，研发创新较少。由于大学和企业之间缺乏合作，大多数中国高科技公司实际上是在适应和模仿外国技术（Li & Meng，2004；Liu，2008；Yan，Wei & Zhou，2004）。这些最多是渐进式创新，核心部件从国外进口。但中小民营企业发展不足、创新能力弱的深层次原因是制度不确定性，包括金融体系不健全、知识产权保护不到位、产权不清等。为了克服这些制度上的挑战，中关村管委会进行了几次改革，以更好地监管市场，保护处于不利环境中的私营企业。事实证明，在没有顶层设计的支持下，中关村管委会的这些措施也被证明是无效的，偏离了政策制定者预期。

（五）制度改革

到 20 世纪 90 年代末，中关村管委会已经意识到合法化的重要性，并采取行动改善其软环境。1998 年，中关村高新区管委会向中央提交了《中关村科技园区建设规划》，旨在加强中关村科技园区的法制建设。2000 年，国务院批准了该计划，同意中关村科技园区进行一系列政策实验。新颁布的政府法规为惩治垄断、串通定价、市场分割、限制生产等市场违法行为提供了法律依据。它还使一些未被承认市场制度如股票期权、分红制和年薪制合法化。该法律规范了中介机构的发展，允许孵化器、商业协会和各种非官方商业服务组织开展多种市场业务，鼓励大学生和研究人员在保留职位的情况下创业，将他们的研究成果商业化（中关村管委会，2006）。

“我们引入了信用担保、风险投资、知识产权和合法化的股权。委员会邀请专业融资机构建立中小企业信用担保体系，对企业财务管理进行评估，建立风险准备金制度和债务追偿制度。规范风险投资机构运作。在有限合伙制中，他们被要求出示明确定义了权利和责任的正式合同。”（A3，2019）

中关村管委会所倡导的法制化在其早期阶段只发挥了有限的作用。例如 2001 年通过的一项制度，旨在通过允许公司雇佣非北京户籍的毕业生来放松对创新人才流动的限制。但是，由于定义不清、执行不力等原因，很多中小公司实际上无法从中受益。政府弥补商业服务不足的努力也出现了同样的问题。20 世纪 90 年代中期，北京市科委创建了一个技术交流市场，鼓励大学和研究机构将其开发的技术出售给投资者或企业。然而，截至1999年底，该市场只完成了167笔交易（周，2008），买卖双方大多是公共研究机构和国有企业，这个市场并没有收到预期的良好效果。

“2000年，政府建立了另一个商业交易信息平台——中国北京产权交易所（CBEX），旨在解决集体企业和公共研究机构产权不清的问题。但该平台在解决股权追踪相关问题方面效果不佳。”（A3，2019）

另一个严重的问题是对知识产权的保护不力。中关村管理人员注意到保护知识产权的重要性，早在1997年，园区就制定了知识产权保护条例，鼓励专利申请、商标注册和软件著作权登记。该条例规定了具体的版权侵权行为：“未经权利人许可，任何个人或组织不得利用互联网牟利、出版或修改、侵权他人拥有的产品”，禁止生产、复制、销售软件和电子产品。任何国家组织、企业和个人都不得使用盗版软件或电子出版物”。

2000年底，《中关村科技园区管理办法》正式确立了知识产权保护制度。三年后，园区被列为全国知识产权保护示范园区。

“我们成立了知识产权促进局，包括知识产权信息中心、专利技术转让中心和知识产权法律服务中心。定期在各高校举办知识产权文化周，举办知识产权案例讲座、沙龙，在社区普及知识产权政策。为进一步促进知识产权的应用和保护，我们还制定了一系列政策，启动了专利引擎计划，普及知识产权教育，帮助企业申请外国专利。”（A3，2019）

为了显示反侵权的决心，“电子街”成为改革的目标。北京政府关闭了几家商店，并对销售假冒电子产品的商家处以罚款。但实际效果并不理想，盗版在中关村仍然是一个普遍问题。研究报告称，2001年该地区超过90%的软件产品是盗版的，这极大地阻碍了产品创新（Saxenian，2001）。

预算和人员限制不足是政府打击盗版行动欠佳的部分原因。但究其根本，主要在于中关村规章制度与国家整体法律环境的差距。版权执法是一项系统工程，需要跨部门协调才能完成。例如，在一次反盗版侵权的政府行动中，陕西省的一个市政府动员了三十多个政府机构参与，这在中关村很难实现。中关村管委会没有直接处罚的权力，它必须与北京政府的执法部门合作。在国家层面，直到2005年，中国还没有建立知识产权保护的专门执法机构，也没有建立任何防止或惩罚假冒或侵犯知识产权行为的机制。

“管委会只能单独行动，用偶尔的运动式治理来打击盗版，这很难解决侵权问题。浪潮过后，侵权问题又重新出现。”（S1，2019）

知识产权保护问题表明，在国家顶层设计尚未建立的情况下，在地方一级开始的市场改革是困难的。受到法律和政治环境的限制，如果没有相应的较高行政级别的执法机制，地方行政人员即使制定了规章也很难执行。但是，这项改革需要中央与地方之间的长期的实验、反馈、谈判和不断互动。

（六）政策试错与创新治理模式的孕育

从20世纪90年代中期到21世纪初，中关村地方领导积极落实中央精神，推出多项地方性政策举措。中关村的许多政策尝试上升为国家计划，体现了地方政府自下而上推动变革的另一种路径。

值得反思的是，在该阶段，中国政府提出了三种促进创新的方法：加强国有企业、吸引外国跨国公司和鼓励国内私营企业。然而实践证明，这三种方法在促进创新方面是低效的。受旧制度遗留问题的制约，国有企业日益陷入巨大的困境，如产权不清、预算约束软、政府不适当干涉等问题和对国家的过度依赖。国有企业在自主创新方面缺乏动力和活力。由于知识产权保护体系薄弱，跨国公司不愿将技术转让给国内企业。中关村的技术溢出效应不明显。由于缺乏信贷建设、融资渠道和相互信任，大多数民营企业发展不充分，没有兴趣和能力进行创新性技术的研发。

这三种战略失败的深层原因是改革的制度不确定性。中国在这一时期经历了重要的制度变迁。整个国家都面临着废除旧规则、建立新规则的挑战。这一过程是漫长而艰难的，需要从中央层面制定规则，使他们可以适用于全国。知识产权立法和中关村艰难的股权改革表明，在没有中央制度支持的情况下，地方性法规很难执行。许多执法步骤需要超越地方行政当局权力的更高行政级别的跨部门合作。自上而下制定法规是一个长期的过程，需要中央和地方政府之间不断的互动。

这一时期，中央政府把握总体发展的方向，强调创新是整体经济改革的重要的目标。但三种推广策略都是低效的，因为改革的不完善，尤其是监管机构的缺失，自上而下的政策路径受制于很多制度性问题。中关村的政策试错并非毫无价值，在地方政府不断的治理创新和政策试错过程中，中央也在研究如何完善顶层设计，推出新的创新治理模式，如何将地方经验纳入国家战略，如何降低政策不确定性从而促进创新，改变正在发生。

四、2005 年至今实验机制不断完善的中关村创新治理

在地方一级制定规则的难度表明，在这一时期，地方管理者需要响应更高一级政府的指导，也受到高层级制度缺位的约束。但是，随着进入 21 世纪以来的持续改革，旧规则的制度羁绊逐渐减少，制度变革的步伐加快，改革的性质也发生了变化。新规则并没有取代以前的框架，而是在以前的基础上逐步完善。市场参与者在规则替换过程中不得不面对的冲突、妥协和不确定性。

该阶段，中关村的创新水平取得了显著进展。尤其是 21 世纪初中国确立“自主创新”发展战略后在全国范围陆续开展的一系列实验主义政策实验，这些实验试点在中关村区域内有了相应的投射，作为首个“国家自主创新示范区”、首批“国家创新型城市”和“全面创新改革试验区”，中关村成为中国实验主义创新治理的政策工具箱。中关村大量的试点政策被地方尝试，中央筛选并最终上升为国家战略陆续推向全国。神奇的中关村政策工具都有哪些？它们如何被地方政府尝试和中央政府认可的？中央政府通过什么方式向全国推广？这种治理机制背后中央与地方的张力在何处？我将在本节进行讨论。

（一）中关村创新绩效与创新治理改革

这一时期，中关村的创新绩效有了显著的提高。实验区在专利申请和专利资助方面有显著的增长。中关村正在与世界领先的高科技园区如硅谷和台湾地区的新竹竞争，在授予专利强度（每万人中授予专利的数量）指标上，每万人中有 110.5 人——甚至超过了硅谷的 106 人。创新能力指标也反映了区域创新能力的增长。2018 年，中关村实验区实现总收入 1.96 万亿元，利润 1534 亿元，出口创汇 237 亿美元，居全国高新技术园区之首（中关村管委会，2019）。“截至 2018 年，中关村实验区承担国家重点科研项目 1300 余项，均为全球先进技术项目。”

（A4，2019）联想、方正等曾被视为低技术的企业，如今已成长为全球知名企业，展现出强大的创新能力。详见表7－2。

表7－2　　2018年不同地区创新绩效比较

	雇员数量（万人）	已获专利（项）	研发投入（万元）	公司数量	万人专利授权数
中关村	189.9	20991	1319.8	25712	110.5
新竹	14.9	3995	430.92	481	268
硅谷	142	15057	—	178000（2011年）	106

资料来源：中关村管委会“中关村创新指数，2019”。

这一时期的研究—产业合作比较密集，呈现出不同的合作模式。根据2010年的一项调查，109家受访企业中有84家与高校或科研院所有合作关系，占全部被调查企业的77%。国内企业研发合作比例较高，近78%的中关村国内高新技术企业与外资企业建立了合作关系，而外资企业的这一比例为66.7%。技术转移率达到74.3%，高于全国平均水平。越来越多的公司参与国家重点研究项目，有助于促进区域产学研创新网络形成。“开放式实验室大大增加了中小企业研发的能力。创业者更容易找到他们需要的实验室和与高校专家的合作机会。”（中关村管委会，2019）

近年来，产学研合作模式向更高层次的合作发展。在许多情况下，中关村公司与大学合作共同开发某些技术，或与大学签订外包研究合同，或从研究机构进行技术转移。这些合作形式是短期的、零星的和相对不稳定的。但近年来，合作形式正在发生变化。越来越多的公司与大学合作，共同建立研究实验室或工程技术中心，共享研究资源，共同开发新产品，提高双方的核心竞争力。另一种新的合作形式是工业技术协会。公司、大学和研究机构联合成立新公司，明确规定各部分的职能、权利和责任。这些新的合作形式是内生和稳定的合作关系，组织动员关系密切和风险分担机制较为完善。这些不同的校企合作组织形式，提供了研究和产业之间更紧密的合作，因此它们之间产生了更多的创新活动（Wang，2015）。

该阶段，中国既有的发展模式需要转换，中国政府认识到，经济的长期可持续发展取决于创新驱动。

首先，虽然中国的GDP仍然保持高速增长，但主要是由政府对公共建设项目的投资和私营企业出口的廉价商品推动的。这种增长模式在21世纪初遭遇了重大挑战。在公共建设上的投资是地方官员提高其辖区内GDP指标的晋升策略，这对构建技术优势毫无益处。出口方面，主要依靠低技术、劳动密集型的制造业推动。由于劳动力和原材料成本低，中国成为世界工厂。但这种增长模式使中国付出了高昂的社会代价，由于核心技术掌握在全球跨国公司手中，中国代工企业只能获得很小一部分利润。研究显示，一款苹果手机只能为中国制造企业带来1.8%的总利润；苹果公司获得了多数利润（58.5%），这种缺乏创新造成产业低附加值的问题在2015年甚至成为人民日报的专题。"如果说过去的这些年，我们成为'世界工厂'是不可逾越的发展阶段，那么未来的五年、十年、二十年，我们肯定不能再沾沾自喜于"世界工厂"，也不能一直被贴上"中国组装"的标签，长期处在产业链的末端。"（"苹果背后那行字"，《人民日报》2015年4月17日）。

由于技术水平低，中国制造业带来了高能耗、高污染和低利润等问题（Pei，2007）。自1991年到2005年超过15年的时间里，中国的平均能源消费速度高于能源生产速度，并且随着经济发展的加速，这一差距还在不断扩大。中国在该阶段长期饱受"煤荒、电荒、油荒"之苦。此外，高投资增长模式严重破坏了生态环境，中国的空气污染相当严重。到2005年，中国660个城市中只有16个达到了一级空气质量标准。300多个城市存在缺水问题，40个城市面临严重缺水问题。从1998年到2005年，在7年内，中国耕地减少了16亿亩（Pei，2007）。

其次，自2001年加入世界贸易组织后，中国遭受了发达国家的大量反倾销指控。截至2002年，已有33个国家对中国4000多种出口产品发起了544项反倾销调查，给中国造成了约160亿美元的损失。仅在2003年，中国就在全球范围内接受了14项以上的反倾销调查，位居国际反倾销目标的首位（Wang，2008）。学者们对这一问题给出了几种解释，包括保护当地企业免受来自中国低成本产品的竞争；中国企业缺乏法律框架下的利益保护意识；中国政府不熟悉处理国际争端，没有有效地回应这些诉讼（Pei，2007；Wang，2008）。但最重要的原因是，"中国的出口产品大多是纺织品、玩具、农副产品——所有这些产品都是低附加值、劳动密集型或资源密集型产品。这些产品与其他国家的就业密切相关，因此成为他们的反倾销替罪羊"（S2，2014）。中国政府认识到，通过创新建立技术优势是解决这些国际争端的关键。

再次，国际社会的创新浪潮促使中国领导人思考鼓励创新的国家政策。2004年，美国竞争力委员会发表了《创新美国》研究报告，将创新作为保持21世纪美国领导地位的关键因素。同年，韩国科技部也宣布改变其发展模式“模仿、追赶、创新”，力争在10年内成为全球技术实力前8强。欧盟也启动了它的创新计划《为一个有竞争力的欧洲而创新》行动计划。同年，印度和巴西等发展中国家也颁布了各自版本的创新政策（Deng，2005）。全球的创新浪潮促使中国政府尝试制定适合本国国情的创新政策。

最后，2006年，国家主席胡锦涛在全国人民代表大会宣布中国将建立“创新型国家”。在创新促进战略方面，国家借鉴了前一阶段的经验。有意识地通过成立创新实验区赋予地方政府创新治理权限，鼓励地方政策实验并将成功经验推广全国的模式。2006年出台的《国家中长期科学和技术发展规划纲要》涉及60多项配套政策，包括研发投资、税收激励、融资支持、政府购买、技术引进、知识产权保护、人才引进、教育、技术平台和协调机制等。各部委还联合制定了99条操作细则，形成了完整的创新刺激政策工具箱。人社部正在制定一项计划，改变基于GDP的考核体系，采用基于创新绩效的考核体系来确定干部的政治生涯。

（二）从“结构不确定性”到“结构确定性”的法制规范化历程

自2001年加入世界贸易组织以来，中国的法律环境取得了长足的进步。世贸组织不仅要求开放中国市场，还要求在税收、卫生和技术标准、政府补贴、投资要求和知识产权保护等方面符合国际标准。世贸组织建立了过渡性审议机制，定期监督中国政府的立法和执法情况。为适应世界贸易组织的要求，中国修订和废除了数千项法律法规。中央政府采取措施改善其公平性和透明度，将其角色从干预者转变为市场监管者（Qin，2007）。

1994年颁布的《中华人民共和国公司法》在2005年进行了重大修订，取消了以前法律对国有企业改制后的股份公司的严格限制，鼓励有限责任公司股东之间的灵活融资（Qi，2002；Dickinson，2005）。2007年颁布的《中华人民共和国物权法》明确了人民私有财产的法律保护，这在“社会主义国家”中是前所未有的。2008年和2010年修订的1992年《中华人民共和国科学技术进步法》增加了鼓励自主创新的原则，强调保护个人知识产权，鼓励冒险精神、创业精神。政府采购倾向自主开发的技术、建立技术信息共享系统、科学培训和技术培训科技人才与中小科技企业融资渠道多元化。

在新颁布或修订的法律中，提高创新绩效最重要的源泉是知识产权保护的法制化（Oconnel，2008）。从20世纪80年代到21世纪初，中国知识产权法律框架仅由《商标法》（1982年，1993年和2001年修订）、《专利法》（1990年，2001年修订）和《著作权法》（1990年，2001年修订）三部法律构成（OECD，2005年）。中国加入世贸组织后，为适应国际社会的法律要求，制定了一系列法律法规，包括保护计算机软件条例、集成电路布图设计保护条例、著作权集体管理条例、视听产品的管理条例、植物新品种保护条例、知识产权海关保护条例和特殊标志的保护条例。与此同时，中国还修改和废除了一些不符合世贸组织政策的规章制度。到2005年，中国已经建立了较为完整的知识产权保护法律制度，并在此后不断取得进步（中华人民共和国国务院新闻办公室，2005）。

此外，中国还显著提高了执法效率。2004年，国家保护知识产权工作组成立，由国务院副总理来协调不同机关（包括国家知识产权局、国家版权管理局、国家工商行政管理总局、公安部、文化部、海关总署等部门）执法情况。“国家还加强了执法行政机构与公安部门之间的联系，以保证某些涉嫌犯罪案件的顺利移交”（S3，2014）。在司法层面，法院降低了将违反知识产权法定罪为刑事犯罪的门槛。最高法院使行政机关的案件更容易移交给司法部门。

为了提高公众保护知识产权的意识，国家通过广告、教育、大众传媒等多种方式宣传保护知识产权对中国人民的重要性。因此，“国家现在受到外国商会、协会和律师事务所的积极响应，国内工业和民间社会协会的积极参与，得到了越来越多的执法支持，数百万人参加了修改后的专利法培训班。”（S3，2018）在过去的十年里，中国的专利申请和商标申请有了显著的增长，越来越多的人树立了法制观念，国家机关接到的侵权案件也越来越多 。在改革初期，科技政策与其他GDP促进措施相比，要么被认为不那么重要，要么有时甚至相互冲突。例如，在20世纪90年代，一些工业政策鼓励引进外国先进技术，但是没有制定任何配套政策来支持这种战略。因此，许多政策实际上由于补充法案不充分而没有发挥作用（Liu，2011）。

这种情况自2005年以来逐渐改变。国务院重视政策框架的整合，要求各部门共同参与创新政策的制定。通过加强部际协调和共同制定政策数量的增长，增强了政策的一致性和执行力，使中国向创新型国家迈出了一大步。中国创新领域的法制化为市场主体遵循既定规则提供了法律基础，可以做出长远的规划。明确的所有权和合法的私有资产减少了创新的不确定性。知识产权保护使本地企业可以通过对技术研发的投资获得回报。因此，新时期国家法律框架的顶层设计为创新活动提供良好的法制基础。

（三）多种政策工具的实验与扩散

法制环境的改善也使公司受益。公司不再通过投机、欺诈、裙带关系或其他各种非法手段赚钱。在一个规范的市场中，企业在技术进步、经营战略和市场占有率方面存在竞争。企业家发现在注册、商业战略改进和融资方面更容易（E1、E2、E4、E5，2019）。此外，知识产权的有效保护增加了技术创新的动力。这些变化有助于降低企业运营成本和推动技术进步。企业开始加大研发投入，加强与高校、科研院所的合作，实现科研成果的商业化。

“以前，许多公司仅靠与政府官员建立关系网络就能生存和发展。但这种逻辑在今天已经行不通了，你必须有一些合格的产品才能得到市场的认可。客户就是上帝已不再是一句口号，它变成了事实。”（E5，2019）

“过去，你很容易在街上或商店里看到山寨货。今天，你很少能以如此明显的方式看到它们。人们知道要依法保护自己的劳动成果，政府可以提供有效的帮助来惩罚侵犯知识产权的行为。”（E1，2019）

与此同时，中关村重新获得了中央官员的关注。2006 年，中央政府将园区更名为“中关村自主创新实验区”，开启了新一轮政策实验。鼓励园区建立信用体系，改善创新软硬环境。为此，中关村启动了一系列务实的创新激励方案，创新绩效显著提升。这些改革措施有些是在中央政府的指导下进行的，有些则是由地方政府主动发起的。这些政策举措不仅有助于解决地方中小企业面临的财务问题，而且有助于为自主创新提供知识培训。中关村实验的一些政策后来被中央政府采纳，帮助改善了整个国家的创新环境。

作为国家试验区，中关村管理者获得中央授权，能够主动探索各种创新促进方式。在这一阶段，地方政府推出的新政策主要是为了刺激民营高科技中小企业的创新投入。其中包括增强企业信誉的“瞪羚计划”、为企业架起资本和研究资源的桥梁、降低研发成本的开放实验室和孵化器、资助风险投资机构拓宽融资渠道的“十百千计划”等。这些政策是全国其他高新区所没有尝试过的。

1. 瞪羚计划：服务小微创新型企业的政策实验

由于中小企业历史短、规模小、风险大、缺乏可抵押的有形资产，国有银行对中小企业的贷款兴趣不大。长期以来，国家缺乏评估中小企业信用的工具。许多所谓的“担保有限公司”实际上并不从事信用担保业务，而是从事高利贷和证券投资，中小初创企业融资难的问题始终存在。

在此背景下，中关村高新区管委会向国家发展和改革委员会提出了“瞪羚计划”，以解决中小高新技术企业的融资短缺问题。瞪羚计划是通过信贷积累和贷款担保，帮助有金融服务的中小企业加速增长。瞪羚企业是指成长速度快的中小企业。该方案将信用评估与贷款担保相结合，为参与企业构建一条高效、低成本的贷款担保通道（A4，2019）。

中关村管理委员会为入选的“瞪羚企业”提供了一系列优惠，包括财务担保的快速审批程序、政府担保补贴、政府债券发行补偿、研发、设备使用、上市扶持等，首批培育了525家企业（中关村管委会，2019）。

“要成为一家合格的‘瞪羚公司’，公司不仅需要展示自己的研究能力、显著的增长速度和强大的市场竞争力，还要有良好的信誉。”（A3，2019）

为帮助中小企业增强信用意识，中关村管委会制定了建立了信用评价体系。管理委员会成立资信促进协会，负责根据资信记录对中关村企业进行排名。截至2018年，信用体系已覆盖4130家企业信息，撰写信用报告6596多份，占中关村高新技术中小企业总数的56.2%。该系统还具有与银行和北京市政府共享企业信用记录的信息交换功能（中关村管委会，2019）。

对首次申请信用评级的企业，在贷款期限结束时偿还贷款和利息后，协会给予一星评级。如果企业完成第二个贷款期限，可以申请增加星级排名，直到获得“五星”信用等级。企业根据他们的信用评级（见表7-3）将得到利息补贴，只有四星级或五星级的企业适用“瞪羚计划”资助项目。

表7-3 信用星级评定和折扣率

星级	折扣率
★一星企业	20%
★★两星企业	25%
★★★三星企业	30%
★★★★四星企业	35%
★★★★★五星企业	50%

经过十多年的实施，“瞪羚计划”已经使许多快速成长的中小公司受益。北京比特威电讯科技有限公司（Bitwave）就是这方面的一个例子。在加入“瞪羚计划”之前，比特威只是一家拥有 60 名员工的小公司，从事污水处理自动化管理软件系统的研发。这家公司自成立以来一直经营得很好。但当一家大型外国公司邀请比特威加入其在大连的大型项目时，遇到了一个难题，企业法人吕先生付不起 100 多万元的押金。但他既不想失去提高声誉的机会，也不想失去一个强大的商业伙伴。

“我把自己的情况告诉了中关村一家银行的客户经理，他让我去申请瞪羚计划。我听从了他的建议，在两周内获得了 120 万的信用担保贷款和 20% 的折扣。”（E1，2019）

比特威已经发展成为一个拥有数千名员工和众多分支机构的大公司，并在新三板上市（E1，E2，2019）。截至 2013 年底，中关村为 3000 多家高成长中小企业提供了 1600 多亿元的融资担保，其中包括许多知名企业，如汉兰达数字科技、金山软件、中国传讯等 43 家上市公司。

2013 年，基于“瞪羚计划”的成功经验，中关村管委会针对总收入在 2000 万元以下且年增长率高达 10% 的小型和微型企业启动了“地幔计划”。有针对性的扶持那些高速成长但尚未达到“瞪羚计划”的标准的初创企业。项目委员会及其合作机构根据企业的星级为这些公司提供贷款担保，快速通过批准服务和特别折扣（A5，2014）。在其实施的短短一年内，中关村科技金融担保公司就收到了 3000 多份贷款申请并批准 2180 家公司为计划受益的合格企业（中关村管委会，2019）。“瞪羚计划”和新推出的“地幔计划”为科技型中小企业提供活力和创新扶持。

2006 年，中关村管委会与北京市发改委、北京市科委、北京市财政局联合启动了“中关村开放实验室计划”，以提升企业研发能力。随后，管委会与中国科学院签署了共建中关村开放实验室的协议，包括 13 个电子信息实验室、5 个生物医学实验室、2 个环保实验室和 4 个新材料实验室。这些实验室从北京市政府获得了 1188 万元的拨款，合作企业获得了 880 万元的财政资助。

开放式实验室成为为创新提供人才和设备资源的新平台。今天中关村有 134 个开放实验室，不仅包括中国科学院也有很多中国顶尖大学，如清华大学、北京

大学、北京航空航天大学。研究领域涵盖电子信息、航空航天、环保、生物医药、先进制造、现代农业、新材料、新能源和新能源汽车等。其中46个是国家工程中心和国家重点实验室，17个国家认证中心，16个国家部委重点实验室。

这些开放式实验室被用于企业和科研人员进行实验，进行重要的技术研发，实现技术突破。例如，在HPC应用实验室，联想集团和北京航空航天大学合作进行了20多个重要的国家研发项目其中包括国家“863工程项目”，国家自科学基金和国家科技项目，并成功开发了曙光7000超级计算机（E11，E12，2019）。

“我们在北京大学使用的开放实验室不仅有助于降低成本，而且大大加快了我们的研发进度。我们的实验使用了价格昂贵、费用低廉的精密仪器，并得到了北京大学学者的专业指导。在这个过程中，我们获得了很多关于超级计算机技术的知识。”（E11，2019）

另一个例子是清华大学和中国最大的门户网站之一搜狐的合作。他们的联合实验室已经设置了24个研究课题，并已经完成了其中的18个。这些研究成果均已直接或间接应用于搜狐公司。联合实验室共申请发明专利12项，其中包括公共中文服务搜索引擎863项目（E14，2019）。到目前为止，中关村开放实验室已经组织了200多场科研—行业合作活动，建立了企业与科研院所之间良好的联系（中关村管委会，2019）。

开放式实验室极大地促进了研究和工业之间的合作。过去，研究者关注的是学术成果、专利申请和论文发表，而企业更关注的是市场需求和投入产出效应。实验室专门属于大学和研究机构。

“中关村开放实验室在研究人员和企业家之间架起了一座桥梁，让专家更好地了解企业需求和行业发展，让企业更好地学习核心技术，在市场竞争中构建核心竞争力。”（A1，2019）

清华大学的一位教授说：“IT行业的发展超出了研究人员的想象。但是，由于我们与搜狐的合作，我们能够更好地了解市场动态，从而选择具有挑战性的研究主题来满足市场需求，从而有助于提高我们的研究能力并在顶级期刊上发表文章。从这个角度来看，与企业合作是双赢的局面，我们希望与企业建立长期合作关系。”（S3，2019）

在经过一年的试点后，中关村管委会多次召开座谈会，完成了对中关村开放实验室实施办法的修订。新方案规定所有这些开放实验室都要接受专家指导，每半年进行一次考核，符合考核条件的，将增加财政补贴，包括 50 万元支持费和高达 50% 的设备购置、证书申请等费用补贴。同时，要求中关村实验室提供研发分析、测试、认证、开发设施和人才培养服务，并可向委员会申请专项资金（中关村管委会，2019）。管委会邀请科技型民营企业家协会帮助企业引进这些实验室进行研究成果产业化，政府将为承担国家或北京市重大研发和产业化项目的企业提供大量的财政补贴（中关村管委会，2019）。

“同时，一个完整的开放实验室数据系统已经向公众发布。”寻找研究实验室或合作的机会的大学或公司可以从网站上找到非常有用的信息，包括一个简短的视频、实验室内重要设施、专利情况、主要专家使用情况、曾经的研究项目、综合研究能力、重要的技术突破、研究人员和目前的合作项目，数据系统具有即时在线问答功能，以帮助解决用户关注的具体问题。该系统为寻找合适的合作伙伴的研究人员和企业家节省了大量时间。”（A1，2019）。

中关村管委会还努力改善其管理系统。他们遵循申请人评估，数据统计，项目选择和选择结果发布的严格程序，还积极参与促进活动，包括政策广播，对技术需求的定期调查以及新研究结果的公布。这些努力使中关村园区内公司在科研合作和创新成果方面取得了长足的进步。截至 2018 年底，共有 52 名院士、1177 名教授、5400 名研究生和科研人员参与实验室建设。专利申请 4236 项，其中 2410 项获批，1888 项为发明专利。这些开放式实验室已建立了 2561 项技术标准，其中 297 项是国际标准（中国金融，2019）。

2. 孵化器：创新主体协同创新的政策实验

1989 年，中关村试点成立了全国首家孵化机构——北京高新技术创业服务中心，协助企业进行企业认证、财政备案、纳税申报、国家科技项目资金申请、企业绩效考核等工作。后来，该中心扩大了服务范围，包括金融、证券、贸易、企业管理等方面的培训，并邀请专家来做讲座或与企业家交流。

“1993 年，该中心创建了自己的孵化器基地，建立了一个专家数据库，并举办培训课程，在全国范围内招募创业者。中心还在北京举办全球论坛，与外国孵化公司合作，为高科技中小企业提供国际化服务。”（A3，2019）。

后来，中关村管委会又建立了几个孵化中心，其中包括一些侧重于计算机、软件和生物技术等行业的特殊孵化器，它们与大学合作，帮助研究成果的产业化。直到2002年，第一家私营的孵化器——“黄金收获”孵化器在北京注册，在此之前孵化器要么是国有的，要么是国家控制的，为企业提供低成本的办公室和优惠政策（A3，2019）。

由于国有孵化器的大部分收入源自政府拨款，这些孵化器失去了解决企业迫切需求的市场敏感性。因为没有足够的渠道让风险资本撤出，在新三板建立之前，这些国有孵化器很少投资创新公司。事实上，当时孵化器退出融资的主要途径是上市，而中小企业在主板上市有非常高的门槛，很少有企业能够达到这样的条件。国有孵化器没有对其培育的项目进行科学的评估，也没有提供任何高质量的培训。

“孵化器没有严格的评估机制来评估其资助项目的潜力，他们的咨询服务基本上限于政策咨询或国家项目申请，甚至培训和导师计划也没有收到任何来自公司的评估或反馈。”（S4，2019）

2009—2016年，开发区管委会制定了一系列政策，推动开发区成为自主创新示范区。这些措施包括进一步鼓励股权和奖金激励、拓宽中小企业融资渠道、税收减免和融资补贴、国家战略研究奖励和补贴项目。这些措施极大地促进了中关村高新技术中小企业数量的增长，同时也带动了它们对商业服务的需求。从那时起，为了满足园区内中小企业对高质量服务日益增长的需求，更多的私营孵化器相继成立。2013年，政府制定了专门针对中关村孵化器的规章，从项目初期的市场价值识别到研究成果的商业化等方面进行具体规范，要求他们提供专业的服务。

“政府制定了一系列标准来评估这些孵化器的服务质量，尤其是国有孵化器，包括专业的服务团队，市场和投资的知识，重要和先进的技术，以及国际合作。获得政府认可的孵化器将获得政府的融资补贴。”（A3，2019）

“我们针对孵化器制定了几项政策。我们的角色从直接运营公共孵化器转变为间接支持私人孵化器。我们为孵化器提供资金补贴，培训人才，检验他们的素质。我们根据检查结果来决定我们的资金分配。孵化器为创业企业提供了许多有用的服务，不仅帮助他们降低运营成本，还帮助他们学习良好的商业运作知识。”（A3，2019）

在有效的政策鼓励下，中关村孵化器发展迅速。截至2019年底，园区共有孵化器81个，国家级科技企业孵化器28个。这些孵化器提供了82981个就业岗位，2018年创造收入970亿元，税收26亿元（中关村管委会，2019）。这些孵化器主要提供早期投资、创业和营销指导，以及商业咨询、技术推广、市场拓展、人力资源、法律和培训项目等服务。例如联想之星是培训和辅导孵化器。他们通常利用良好的人际网络，邀请著名的企业家、专家和投资者进行一对一、一对多或多对一的培训，为客户增加知识和人际网络。方正、36氪等媒体孵化器通过组织企业参与竞争、培训、传播等活动，实现线上线下直播、信息、投资、节目展示、培训辅导等功能。专业孵化器提供特定领域的服务，如互联网云计算、诺基亚体验中心和微软云加速，将孵化、投资和生产链集成到他们的业务管理中。

3. “十百千计划”：地方政府主导的自主创新政策实验

为了推动一批创新企业走向国际，2009年北京市政府决定实施“十百千计划”，培育收入规模在10亿元、100亿元、1000亿元的创新企业。成立了由人事局、财政局、北京市经济和信息化委员会、北京市科委、北京市发展和改革委员会组成的联合工作组。选定的人员组成一个专门的办公室，负责选择合格的企业，执行国家政策，协调项目的重要事项（A3，2019）。

该项政策实验的目标是进一步提升这些企业的创新能力、营销能力和国际声誉。入选的公司必须是在研发、盈利和企业战略方面表现出强大能力的高科技公司。基于这些标准，中关村管委员会在2009年选择了200家企业作为援助企业，并给予了5年的资金支持（中关村管委会，2018）。入选企业可享受政府支持的“一家一政策”优惠。管理委员会会定期派出专门的顾问去拜访这些企业，听取企业的反馈，了解他们的需求和困难，并制定个性化的支持措施，为这些企业提供有针对性的服务（E15、E16，2019）。

“在过去，我们把产品和销售放在首位。今天我们注意到技术创新的重要性。但我们不清楚如何建立我们的技术优势。我们向管委会反映了我们的担忧，他们很快就会介绍清华大学商学院的专家给我们提供建议。他们的建议很有帮助，现在我们根据它制定我们的发展计划。”（E15，2019）

政府帮助这些公司拓展营销渠道。这些企业自主研发的创新产品将列入国家和北京市自主创新产品目录，被列为关键技术示范产品，并在政府采购中名列前茅。为增加政府投资项目的销售，北京还建立了政府采购信息公开专网，建设了自主研发的创新产品展示交易中心。对承接国家和地方政府重点建设项目的企业，管委会帮助建立与专业担保机构的联系，提供20%的综合成本担保补贴、50%的保费补贴、40%的补贴企业贷款利息（A3，2019）。管委会还为那些想要建立信用贷款、信用保险和贸易融资的公司提供绿色通道。为了帮助这些企业提高创新能力，政府设立了“十百千”专项资金，并根据企业规模、研发强度和增长速度（E4、E5、E9，2019）。

“去年，委员会的工作人员告诉我们，我们（外国公司）也可以申请863项目，以前只支持中国公司。他们帮我们填写了申请表，提供了我们的资格证书。然后，我们赢得了支持。委员会代表帮助我们使用863计划在中关村申请财政补贴。我们也得到了那笔资金。我们甚至没有料到政府会资助外国公司。我们达到了‘十、百、千计划’的标准，得到了他们的帮助。这是一个很大的进步。政府开始为有资格的公司建立一个公平的环境，而不是单纯考虑这些企业的所有权。”（E9，2019）

除了财政补贴外，政府还通过税收减免和股权融资等方式支持这些企业进行重要的国家技术成果产业化。当政府撤回其股票投资时，股权将转移给被投资公司的核心创始人和股东。此外，政府还帮助这些企业与大学、国内外研究机构组织联合研究，鼓励他们申请国家科技进步奖和北京市科技进步奖，并根据他们获得的奖励给予不同数额的财政支持（E6、E9、E16，2019）。

为了帮助企业吸引人才，政府制定了关于股票期权的规定，允许企业通过奖金、股权奖励、股权销售和股票期权等方式激励员工。对于研究或管理水平较高的人才，政府将提供高达30万元的住房和个人购车补贴。北京市还为这些人才制定了快速发放户口证明的特殊政策，并对吸引专升本领域领军人才的企业给予最高100万元奖励。公司成立了专门的办公室，为出入境、医疗、住房、子女教育、配偶工作安排等方面的人才提供服务。持有外国公民卡的人才可向北京市政府申请外国人永久居留许可，持有中国护照的人才可在不受以往限制的情况下获得北京市户籍身份（A3，2019）。

拟建立研发中心和产业化基地的企业，可向中关村管理委员会申请租金、土地、设备、设施、样品等方面的政府补贴。跨国公司在中国设立研究中心、培训机构、技术支持中心，可享受税收优惠和政府补贴。对于那些申请并最终获得海外上市的企业，政府将提供高达200万元的奖励。对在京进行兼并重组并实现工业化的企业，政府给予固定资产投资最高10%的补贴。拥有发明专利的企业最高可获得200万元奖励（A3，2019）。

“十百千计划”资助了联想，方正，神州数码等千亿元人民币规模的公司，使其成为高科技领域的强大全球竞争参与者，并为快速成长的10亿规模的公司创造了良好的商业环境。如用友，腾讯，摩托罗拉，中星微等多家中外知名企业发展壮大。该计划为公司取得创新突破，开发新技术，发明新产品和提升全球竞争创新能力做出了重要贡献（A3，2019）。

4. “新三板”：中央政府推动与地方政府实验的政策实验

21世纪以来，中关村的管理层一直对建立中国的纳斯达克感兴趣。经过与国家官僚机构的多轮讨论，国务院最终同意了他们的建议。2006年1月，证监会与中关村管委会共同启动了中关村非上市公司股份转让系统，称为“新三板”。该制度旨在为中国创新、快速发展的高科技中小企业提供股权转让机会。“新三板”市场的准入条件比主板市场宽松得多。“新三板”上市公司在财务规模上没有进入壁垒，不一定盈利。证券监督管理委员会规定，企业只要拥有明确的股权结构，规范的经营管理，明确业务，履行及时发布公司信息的义务就符合上市条件，“新三板”投资者必须是风险认知度和承受能力强的专业投资机构。

但是“新三板”系统的发展并没有预期的那么快。经过5年的试点，到2011年底，只有152家中关村中小企业在板上挂牌，这些企业的营收总计46亿元。造成这种缓慢发展的原因是多方面的。第一，想要投资“新三板”上市企业的个人投资者必须拥有至少500万元的注册资产。这项规定大大提高了个人投资者的进入门槛。第二，评估期很长，通常需要2到3个月才能完成一个公司的最终评估。第三，不同企业规模、盈利能力、股本和发展速度不同。因此，他们需要不同的融资服务和不同类型的投资者。投资者和企业仍然要花费大量的时间和成本来寻找合适的合作伙伴。第四，许多交易商利用他们的许可证垄断权压低高科技公司的股价，这种行为违背了市场秩序，不仅无法稳定股价，而且降低了市场流动性。政府意识到“新三板”的监管还需要进一步完善，避免市场操纵和内部人交易。

2012 年，国务院决定增加“新三板”试点，在“国家自主创新示范区”范围内推广中关村关于“新三板”的政策工具试点经验。新增上海张江国家自主创新示范区、武汉东湖国家自主创新示范区、天津滨海国家自主创新示范区开展推广工作。2013 年底，“新三板”不仅局限于国家自主创新示范区地域范围，已经普及到所有的高新技术产业开发区（A4，2019）。

除了增加申请名额外，实验区地方政府还制定了一系列促进“新三板”活动的受益政策，包括对上市公司个人股东减免 25%—50% 的所得税。国家制定了“新三板”的综合评价指标体系，包括交易协议信息和所有上市股票的市场交易。

这些措施刺激了“新三板”上市公司市值的大幅增长。2013 年，市场交易额为 8 亿元，2014 年增至 130 亿元，增速为 150%。截至 2015 年 3 月，仅 3 个月贸易额就达 168 亿元，与 2014 年全年持平。上市企业 2116 家，总市值近 8 万亿元（金融时报，2015）。“新三板”帮助中小企业克服了融资不规范、风险规避能力低、信誉差等融资难的问题。通过引进高新技术中小企业上市融资制度，对解决他们的资金短缺问题取得了很大的成效。一家高科技公司的经营者说：“公司上市后，我们顺利完成了融资，增加了 1250 万股股票，融资超过 1 亿元，新三板大大提升了我们的品牌价值，帮助我们解决了融资问题。”（E1，2019）

一位中关村的管理员说：“股票价值是企业在‘新三板’上市后评估的。”他们可以公开转让股票，通过发行股票筹集资金，通过信用评估和市场定价作为抵押从银行获得贷款。上市公司受证券监督管理委员会的普遍监管。透明的信息有助于改善公司治理，增加新老客户的可靠性，促进新拓展市场的销售（A4，2019）。

5. 创新平台：跨部门和行政层级的治理改革实验

中关村试点推行的改革措施还包括提高效率和透明度的政府行政改革。其中比较著名的是建立创新平台。为更好地实施《国家中长期科学和技术发展规划纲要（2006—2020 年）》，推动国家建设创新型国家，国务院选择中关村作为创新治理改革实验基地，开始推动中央指导下的“自上而下”的政策实验。在国务院的指示下，中央部委和北京市政府官员开始采取行动，建立创新平台。2010年，中关村正式成立了创新资源和服务平台，旨在改善企业创新和研究—产业合作的政治环境（A5，2019）。

该平台将北京市25个部门、19个国家局的资源整合到中关村管委会。47个员工分别来自市政部门如税局、工商局、人事局等，37个部委（包括科学技术部、商务部、国家发展和改革委员会等）永久派出机构驻中关村科技园，参与协调园区日常创新管理（中关村管委会，2010）。平台的组织结构和功能如图7－1所示。

平台建立了办公室，根据企业需要创新，以及重要技术成果产业化，设置了科技金融的工作团队、人才服务工作团队、新技术和新产品促销团队、政府采购工作团队、创新政策进行预测的工作团队，发展规划和建设工作团队。该平台通过联合会议的途径维持这些办公室和工作组之间的顺畅信息沟通。参加联合会议的不仅有多层级纵向和横向的政府部门成员，平台还包括来自企业、大学和研究机构的专业认识。他们经常召开会议，讨论和评估中关村试点的国家重点专项、重大技术基础设施建设和产业化项目和重大技术成果（A5，2019）。

该平台大大简化了审批管理程序。例如，在平台建立之前，如果一家公司打算使用股票期权激励系统来奖励其员工，需要拜访多个政府部门，包括财政局、科学技术局、税务局、国资委、工商局，并且必须在获得一个局的批准后前往下一个局来办理相关手续。该过程非常复杂，成本高昂且费时。公司通常需要三个多月的时间来办理手续。建立平台后，公司可以直接向平台上的股票期权激励系统办公室申请公司提供的证明文件和计划。该平台大大简化了审批的行政程序。企业通过第一轮审查后，申请人只需在会议上发表声明，公开回答行政委员会和平台成员提出的问题。如果得到专家的积极响应，企业可以在会议结束后尽快获得最终批准，整个过程只需一周。

有些问题非常复杂，需要多个工作团队的共同努力。例如，促进互联网金融发展的问题可能涉及多个职能部门，例如科技金融工作组、人才工作组和政策先行先试工作组。创新政策测试工作小组将讨论有助于促进互联网金融发展的潜在政策，目前中国还没有任何地方采用这一政策。它也可能与当前的政策产生潜在的冲突，因此工作组成员需要思考如何解决这些冲突，并与其他国家政府机构和更高级别的官员进行协调。同时，他们还需要从技术金融的工作团队中获取专业知识，专门处理与技术金融相关的问题。此外，这一过程还需要人才工作组的参与，这可能有助于解决这一领域的人才短缺问题。因此，为了解决跨多个办公室的问题并帮助达成跨办公室协议，联席会议频繁举行（A5，2019）。

这一平台的具体设置，可以从图 7 – 1 中略窥一斑。

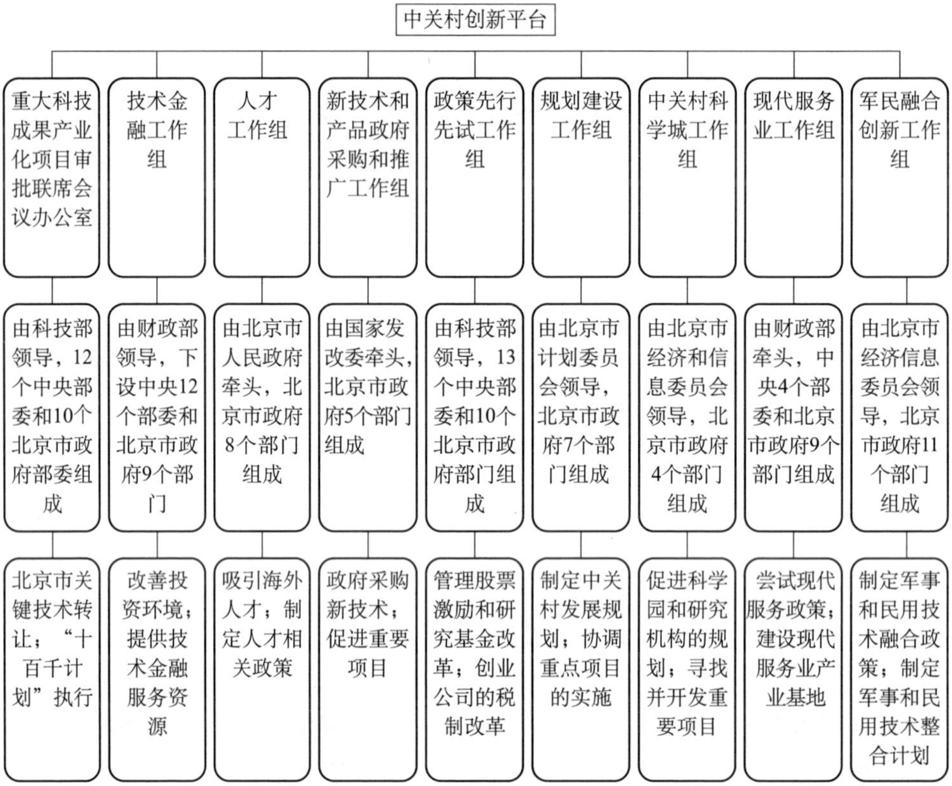

图 7 – 1　中关村创新资源与服务平台

“创新平台极大地改变了我们的管理风格。我们从来没有像今天这样重视公司的需要。由于高层官员的参与，企业面临的许多制度问题都可以得到有效解决。以前，我们也很了解商界的担忧，并试图解决它们。但是许多问题超出了我们的能力。下级官员不能对他们做出决定。现在有了中央官员的参与，他们可以更快地处理。”（A5，2019）

该平台通过让行政机关管理人员处于一线来改变政府部门的拖沓习惯。该平台定期派实验区相关公务员访问公司，研究机构和商业协会，以告知他们实验区内有关人才吸引、股票期权激励系统、税收减免、支持创新的补助金等最新政策。该平台还举办讲座和培训计划，与企业互动，积极询问他们的需求和困难，并为他们提供政策指导，以解决当前政策框架下的问题。该平台建立了一个咨询台，以便员工可以在线和面对面地回答公司和研究机构的问题（A5，2019）。

平台也加快了推进创新的政治改革。中关村管委会的工作人员定期从调查和公司报告中收集有关公司需求的信息。管委会将定期举行会议，讨论如何满足这些需要。对于有关政策瓶颈的问题，管委会将提交给服务平台，要求在更高级别进行政策更改。平台的代表可与其附属机构协商，必要时可举行部际或局间会议。这些会议的参加者通常是有权在其领域作出政策改变的领导。因此，如果这些领导能够达成一致意见，许多政策就会改变或修订。该平台利用代表来促进各部门之间以及上下行政序列之间的信息交流，从而打破了政府机构的孤立状态。该平台建立了新的机制来提高政策变更和体制改革的速度，平台中的一些政策更改和调整会议随后将会在全国范围内进一步讨论、调查、改进和推广（A5，2019）。

“我们刚刚建立了一个与供应需求相匹配的信息平台。政府还制定了评估规则，以审查新开发产品的新颖性和市场价值。一旦获得批准，政府将购买或召开会议普及他们。”（A5，2019）

6. 创新促进计划的有效性

这些创新促进计划的总体效果如何？据中关村研究院报告，2013 年，在中关村全球最具创新力的 100 家高科技企业中，有 71 家企业或企业企业家至少受益于上述项目。他们都至少在其中一个项目中申请过一次，并且很多人都是不止一个项目的受益者（中关村研究院，2018）。这些项目在创新公司中的广泛采用表明了这些项目的有效性。另一项关于这些项目报告有效性的调查显示，大多数企业家认为这些项目可以帮助他们解决研发和技术商业化方面的资金或人才短缺问题，表 7-4 列出了接受调查的企业家对计划有效性的满意度百分比。

表 7-4　在中关村政策实验项目的满意度

	由地方政府发起的政策实验				由中央政府发起的政策实验	
政策创新实验	“瞪羚计划”	开放实验室	孵化器	“十百千计划”	“新三板”	创新平台
满意度百分比	82%	73%	57%	86%	无数据	83%

资料来源：中关村研究院 2018 年调查数据。

五、2015 年后中央主导“复制中关村”的政策扩散

随着中关村的多项政策试点经验得到广泛认可，它已经成为全国的榜样。中央政府和其他地方政府都在努力学习它的成功经验。中央通过筛选与其发展战略相一致的地方实验政策，借助自上而下的权威推动其向全国扩散。尤其是 2016 年后中央政府设立“全面改革实验区”，构建了正式治理框架，将试点政策工具的全国主动扩散纳入国家创新治理核心战略。其他实验区地方政府借鉴其政策工具和政府改革策略，与中关村签订框架协议，帮助其学习与模仿中关村已实验成功的政策举措。

（一）“新三板”政策实验的推广

自“新三板”政策在中关村试点以来，高科技中小企业获得了重要的融资渠道以扩大业务规模。通过一对多的融资方式，企业可以建立较为完善的内部控制制度，标准账户制度和持久的信息披露制度。这些都极大地帮助了公司的健康成长，提高了品牌价值，并顺利过渡到主板上市。但是，即使有了这些好处，进入“新三板”的公司数量没有达到政府预期。截至 2011 年底，在“新三板”挂牌的公司仅有 152 家，完成定向增资的有 32 家，合计 17.1 亿元，与主板每年 14 万亿元的融资规模相比规模很小（中关村管委会，2018）。面对该项政策实验扩散缓慢的问题，中央政府动用权威进行助推，在 2012 年和 2013 年分别对另外两个科技园和全国范围内的“新三板”上市政策进行了几次调整。政府放宽了准入条件，取消了所有权限制，这样外国公司也可以利用“新三板”来筹集资金。政府增加了交易类型，允许股权激励，允许股权转让以外的交易，如可转换债券和其他类型的债券。

这些变化帮助“新三板”取得了显著的进步。上市公司数量从 2014 年 1 月的 350 家增加到年底的 1271 家。融资规模从 2013 年的 11 亿元增加到 2014 年 10 月底的 110 亿元，扩张了的 10 倍。“新三板”现在被称为中国的“纳斯达克”，正在成为中小高新技术企业融资的一个主要渠道（参见表 7－5）。

表7－5　　“新三板”重大事件表

1. 2001年6月12日，证券监督管理委员会设立证券公司代理股权转让制度——“老三板”诞生。

2. 2006年1月17日《关于中关村非上市证券公司股权转让的实验方法》公布——“新三板”诞生。

3. 2012年7月8日，国务院批准扩大中关村的经验，建立全国中小企业场外交易平台。

4. 2012年8月3日，国家安全监察委员会宣布将实验区扩大到上海张江、武汉东湖和天津沿海的另外三个高科技园区。

5. 2013年1月16日，国有股新三板挂牌仪式在北京举行。

6. 2013年2月8日，《全国证券交易所股票行情规则》正式实施。

7. 2013年6月19日，国务院宣布扩大全国证券交易所挂牌交易。

8. 2016年9月26日，财政部、国家税务总局联合印发《关于完善股权激励和技术入股有关所得税政策的通知》发布实施，对上市公司股票期权、限制性股票和股权奖励适当延长缴税期限，“新三板”企业享受非上市公司政策。

9. 2017年5月27日，科技部关于印发“十三五”技术市场发展专项规划的通知，鼓励资本机构“做市”撮合交易，通过股权众筹、“新三板”、区域股权交易中心等平台，实现科技企业股权流通、增值与退出。

10. 2017年9月14日，《国务院办公厅关于推广支持创新相关改革举措的通知》发布。主要内容是将有13项优秀改革举措在全国或8个改革试验区域内推广。其中包括“新三板”助推中小创新型企业融资政策。

11. 2018年1月8日，国务院发布《关于支持中央单位深入参与所在区域全面创新改革试验的通知》。推动中央部门参与试验区政策实验，形成多方联动。“新三板”被作为重点经验再次被中央强调向全国推广。

12. 2019年8月9日，科技部印发《关于新时期支持科技型中小企业加快创新发展的若干政策措施》的通知，为优质企业进入“新三板”提供快速通道。

（二）“1＋6”政策实验

“1＋6”政策是一揽子改革举措，为技术进步和交易提供了一个更宽松的市场环境，包括前面提到的创新平台、公共研究机构处置技术成果的权利、国有企业股权激励。在此之前，由公共研究机构开发的技术曾被禁止在市场上交易。该政策允许这些机构在技术价值评估低于800万元的情况下，不需要得到政府批准就可以出售技术。另一个重要的变化是允许国有企业发行一定比例的股权，以奖励重要的研究人员和管理人员。这些改革极大地释放了市场力量（中关村管委会，2019）。

该项政策在中关村被证明是成功的。因此，在中关村进行了五年的实验之后，2014年国务院通过决议，将“1＋6”政策推广到所有的高新技术产业开发区，随后在2016年成为“国家全面创新改革试验区”推广的首批政策工具之一。经过多年的实施，“1＋6”政策对中关村创新相关活动的影响显著（A3，2014）。2018年，科技成果配置和使用权的改革给高校和科研机构注入了巨大的活力。

调查发现，高校和科研机构共转移研究项目 261 项，创造收入 6.5 亿元，技术合同交易 1890 亿元，比 2017 年增长 20%。股权激励改革让 481 家科研院所采取措施进行股权奖励，极大地激发了核心技术人员的积极性。研发支出税收抵扣让 512 家高新技术企业少缴纳 8000 万元所得税。

2014 年，国务院决定在全国推行“1 +6”政策。这一决定已经帮助数百万研究成果转移到企业生产中。由于是国有资产，其产业化需要经过长期的、复杂的过程行政审批。更糟糕的是，由于研究资金使用的限制，公共研究机构的科研人员无法从商业化中获得任何回报，这些机制障碍都会阻止他们出售自己的研究成果。因此，此前许多有价值的研究成果在获得国家奖项后被束之高阁，“1 +6”政策改变了这种情况。

“在我的研究所，今年（2019）我们通过销售研究成果获得了 600 万元，并使用 180 万元奖励了核心研究人员。在 300 名员工中，有 40 人拥有股票，其中大部分是年轻的技术人员或总经理。我们的研究项目翻了一番，研究基金和 SCI 出版量增加了 40%。所有的进步都归功于新政策。”（S2，2019）

（三）中关村高新区的跨地域分支

经过二十多年的发展，中关村以其卓越的创新成就而成为知名品牌。中国其他科技园区的管理人员也愿意学习它的成功经验，中央政府也鼓励中关村推广它的优秀经验来帮助其他地区的发展。中关村面临发展空间有限、地价昂贵等问题，企业难以成长壮大。为此，自 2013 年起，中关村在河北、湖北、天津、江苏等地设立了多个分支园区。

对于中关村来说，把工厂设在这些分支园区是节约成本的好方法。“2200 平方米的办公室只花了我几千元，这在北京超过了 20000 元”（S3，2019）。此外，他们几乎可以享受与中关村相同的政策优惠。对于中关村来说，管委会可以从其每个园区获得 40% 的企业所得税。而对于中关村分支所在地的地方政府来说，他们不仅可以获得其余的营业税，而且可以获得产业升级，人力资本和管理水平提高等诸多收益。

这些中关村科技园区的飞地主要从事研发中心、产业基地、服务外包、市场开拓等工作。他们在中关村有相同的孵化公司，不仅提供低廉的租金，还提供人才培训、课程设置、信息共享、资源整合等风险投资和服务。他们还建立了研发中心和技术转让中心，这对促进创新很重要。分园区从中关村手中接过各种创新平台。他们建立了中关村顶尖大学和研究机构的分支机构，共同构建信息共享系统，以传播和接收中关村的最先进技术成果。例如，截至 2014 年秦皇岛—中关村园区已经吸引了清华大学、北京科技大学、北京化工大学、北京工业大学等多达 11 所高校。同时，中国科学院还在园区内建立了技术成果转化基地，引进了遥感、地理、自动化、新处理等 8 个研究所的 20 个项目。这些分支机构引进了 100 多名专家，培养了大批本地技术人才。中关村与秦皇岛的联合研发平台已经建立了一个巨大的数据库，用于分析新开发产品的市场潜力，帮助中关村公司提高研发能力，扩大销售（中关村研究院，2018）。

中关村管委会定期派员为分支园区提供行政咨询服务。这些行政顾问有着丰富的经验，努力为分支园区营造良好的制度软环境。他们通过多年的探索，介绍了中关村最成功的经验，包括一站式服务、信贷积累、快速融资通道、优质服务孵化、人才引进政策等，并推荐了一些优秀的中关村风险投资机构。这些努力帮助地方政府建立更好的营商环境，削弱了旧的“官僚”机构氛围（A3，2019）。

除了一般的政策扩散策略外，中关村还根据地域的不同采取了不同的开发方式。例如，在江苏省无锡市，由于商业服务和金融环境的发达，中关村选择开发软件。分支园区重点发展 IT 软件开发、广告、工业设计、游戏研发等产业。无锡的公司能够利用其良好的银行服务，聚集了担保公司、未来保险公司、小额贷款公司、天使投资和风险投资公司。提高地方对技术转让和知识产权交易的意识，促进专利申请、产品交易和转让。中关村还鼓励地方企业从中学习，形成协会和联盟，使政府、企业和市场有效地联系起来。秦皇岛分支园区地处沿海位置，中关村将环保、生物工程和 IT 产业进行了转移。由于秦皇岛的商业服务和金融发展不如无锡，秦皇岛分支园区主要为中关村做外包和市场拓展（A3，2019）。中关村还提供人力资源培训和创业辅导，以增加本地商业服务质量（《赤峰日报》，2018）。

六、本章小结

经过 30 多年的发展，中关村创新治理试点已经走向成熟。政府治理从对高新技术产业的直接政策支持转变为创新治理优化的间接扶持。市场经济已经建立，规则也有了很大的改善。中关村经历了法规模糊、灰色地带的混乱时期，迎来了规则清晰、市场环境成熟的新时代，为创新提供了稳定的制度基础。在此背景下，中央政府启动了中长期规划，把创新作为国家的第一要务，管理者开始做出重大努力以提高其区域创新能力。

中关村的样本反映了地方政府“自下而上”实验举措的重要性。通过实施“瞪羚计划”为高新技术中小企业提供有力的支持，开放的实验室政策极大地促进了研究与生产的联系，“十百千计划”致力于帮助规模较大的公司提升竞争力，人才吸引政策为促进创新提供了人力资源基础。中关村地方政府不仅试验了促进区域创新发展的可行政策，而且提出了改革建议以引起中央的关注，寻求更高层次的改革。

中关村的发展也反映了中央政府“自上而下”的顶层设计重要性。中央政府推动完善的法律框架，不仅有利于建立稳定的制度，使市场主体在制定完善的规则下公平竞争，而且能够激发企业的创新动力。中央政府对中关村科技园地方实验的重视，使其成为“国家自主创新示范区”和“国家全面创新改革试验区”，并在此基础上实施了“新三板”改革、自主创新平台建设、科研院所自主转移研究成果改革等一系列破冰政策。这些政策从根本上改变了中国的创新体系：“新三板”改革，使中国的科技型中小企业可以从场外市场获得投资；创新平台通过协调不同层级不同部门的多个管理机构，让科技园区企业的声音直接被高层官员听到。它减少了中间行政环节，提高了行政效率，为企业节约了时间和成本；科研院所自主转移研究成果改革提高技术成果使用权的自由度，不仅可以向市场发布更多的研究成果，而且可以对技术人员进行创新激励。

中央政府和地方政府的反复互动也为中关村成功试点经验的加速扩散做出了贡献。根据本章研究，试点经验扩散有三种方式。第一，中关村一直是被中央政府刻意选为实验区。经过实验的政策被证明是有效的，然后中央政府将该政策推向了全国（例如不断扩展的创新平台政策改革）。第二，中关村地方政府试验了成功的政策，中央政府注意到这一成功，并帮助将这些政策推广到全国（例如以“新三板”改革）。第三，其他地区从中关村试点的成功经验中学习，并希望从中汲取资源和政策（例如中关村分支园区的区域间合作）。在这种情况下，即使没有中央政府的参与，地方竞争和学习也可以帮助实现经验转移。

从21世纪初开始，中关村经历了中国实验主义创新治理的全过程，中央与地方关系及其创新治理与之前两个阶段的不同之处在于，在此阶段，实验框架得到了很好的构建。国家政策与地方利益相结合，推动创新型区域实验。中关村地方行政人员的职业绩效不再以GDP来衡量，而是以区域创新绩效来衡量。因此，提升区域创新能力成为地方领导人关注的首要问题。

本章展示了一个特别的中关村。中关村的一些政策举措，如信用体系建设、创新平台、“新三板”上市等，如果不像中关村一样被授予“国家级”的称号，就无法被其他科技园区所启动或者吸引高层官员的注意力。在下一章，我们将根据第六章宏观实验区治理模式对比和本章中关村实验主义典型案例的分析，提出中国实验主义创新治理体系。

第八章　实验主义创新治理：模式构建与政策建议

创新过程具有不确定性和累积性。面对新的全球变局和全球科技发展趋势，中国迫切需要补齐短板，提升创新针对新和有效性，实验主义创新治理模式；持续发挥多方参与主体的主动性，以央地协同、优化权力结构等方面发力，不断提升科技创新治理效能；在国家治理体系和治理能力现代化大框架下，力求形成更具韧性、黏度、张力、活力和弹性的创新新治理体系与能力；不断推动实现创新从点到面、从局部到系统的突破，为经济社会高质量发展提供源源不断的新动能。本章试图在综合以上分析的基础上，提出中国实验主义创新治理的模式构建与政策建议。

一、治理路径：立足关键区域领域和环节，实现精准化创新治理

创新治理是一个涵盖范围广泛的范畴。借助对创新治理实践的梳理，不同地域、不同行业、构成三螺旋创新模式的不同行为主体关注和侧重点有所不同，服务于国家发展需要，在尊重科技发展规律基础上，各地应因地制宜，根据不同区域基础条件和需要明确发展方向，通过构建时空维度的坐标体系（详见图 8 - 1），根据地区发展实际，选择国家政策的具体争取方向。具体操作层面，可对照创新型城市（或与创新相关的其他相关指标体系），梳理地区创新资源，摸清情况，按照创新治理演变的过程即“技术引进阶段→产业协同推进阶段→治理转型阶段→全面创新治理阶段”的逻辑，结合经济技术开发区、高新技术产业开发区、创新型试点城市、自主创新示范区和全面创新改革试验区等不同要求，选择适合当地的创新治理载体和模式，在明确具体意向后通过与上一级政府或国家科技主管部门做好沟通，跟进相关工作，争取能够尽快落地。既有经验表明，东部发达地

区是不同试验政策类型的主要实践者，有大范围铺开的条件，但中西部地区还是集中在中心城市和具有特色资源的城市（如四川绵阳等），不宜撒网布局。

考虑到中国巨大的区域发展差距，对于广阔的创新实践腹地而言，必须打破“只有创新实验区才能责任探索创新治理”的误区。各地都应结合实际，积极主动地优化机制、完善体制，掌握创新发展主动权。无论是推进高新技术产业开发区、创新型城市还是其他创新载体建设，必须实施因地、因时而异的差异化创新策略，形成适合自身需求的发展模式。以创新型试点城市建设为例，东部发达地区由于中心城市和城市群发展水平程度较高，且区域内同等级城市间发展水平相对均衡创新治理应积极推进由政府主导向市场主导的转型，把功能疏解、弱化行政管理体制影响、完善市场机制以提升要素流动和配置水平，强化自组织能力作为重点；相对落后的中西部地区的城市，通过借助行政引导等不断强化增长极的作用，提升城市创新聚集能力，优化治理环节，促进第三产业比重提升与升级等。

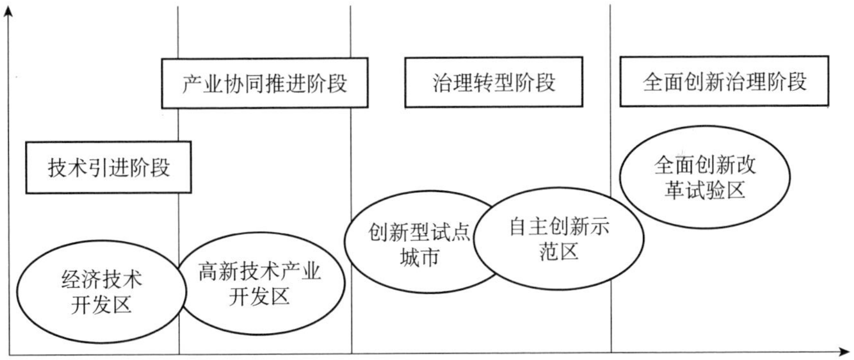

图 8－1　时空维度构成的创新治理载体与模式选择坐标图

从聚焦科技领域看，解决长期以来的“卡脖子”问题，需要通过资本、人才和政策的三方加持，在核心技术方面追赶上先进国家的相关技术，是中国创新治理现阶段最首要的任务。尽管《国家中长期科学和技术发展规划纲要（2006—2020 年）》发布以来，中国国家创新体系建设取得了明显成效，综合科技实力逐渐进入世界前列，一些体现创新发展的指标和标志性的科技成果，在世界上取得了广泛影响，有力助推了创新驱动格局的形成，但在关键核心技术领域“受制于人”的格局并未根本改变，与领先国家相比，中国无论在传统制造业技术领域，还是人工智能等新领域，都有较大的差距，要针对这些关键领域做好梳理工作，将更多地资源引导到关键领域和环节，力求取得突破，这些领域有必要成为实验主义创新治理重点关注的对象，尝试将更多新的治理手段、治理政策引入。

从涉及环节看，实验主义创新治理关注了三螺旋主体，更关注三螺旋主体间发挥作用的过程。实现创新的过程又有多种划分方式，如开发、示范和扩散“三阶段论”，创新—专利—研究论文—许可—产品“五阶段论”、试探研究—工艺开发—试制—市场启动—建立生产—销售“六阶段论”以及需求分析—技术分析与预测—创新构思提出—基础研究—应用研究—设计开发—生产制造—市场化的“消费者中心论”等。实验主义创新治理要围绕整个创新过程展开，但也要结合不同主体及发展阶段的要求，有选择性地关注具体环节。例如，对于科技成果转化的环节的关注，是不同创新治理载体都高度重视的一项工作，创新治理层面，应积极支持和鼓励技术转移服务业发展，大力支持技术评估、技术交易、技术转让、技术代理以及技术集成等业务，顺应集成化、平台化、市场化、互联网化趋势，可组织引导高校院所与技术转移服务企业密切合作，让企业走进高校院所，通过建立校企联盟、开展对接活动、实施项目合作等，弥补成果转化环节短板。

基于此，针对科技创新涉及的关键环节，创新治理一方面要强化综合性政策措施，通过政策协同实现推动技术及创新的目标，不断改变依靠行政措施或单一政策实现政策目标的做法，另一方面，也要在重点关注的环节采取有针对性地创新举措。同样以科技成果转化为例，可借鉴在主要发达国家推广的“快速转化”机制模式，以“转化速度”为核心目标，强调高校技术的社会影响力，淡化交易金额等经济效应，不做权属转让交易，取消或简化商务谈判，降低对职业技术转移人员的依赖，借助格式许可合同的多样性满足企业的不同技术需求，在三螺旋机制发挥作用的领域尽量做到简化。

着眼于关键区域、领域和环节，单一的创新治理模式显然难以覆盖，基于此，可将创新治理划分为“领先示范型”“积极进取型”和“韬光养晦型”三种模式，对于不同的治理模式，其认定的条件、政策出台侧重点、目标和重点任务、考核方式等都要有所不同，例如，对于领先示范型模式，应着眼于“贯彻和落实国家战略意志和重大需求，集中资源和力量，构建战略科技力量，不断推动关键核心技术领域的克难攻坚”；对于积极进取型模式，要注重地域特色和国内竞争需求，鼓励其集中区域资源，在优先领域内探索前沿科技及运用；而对于韬光养晦型区域，更多从鼓励其借鉴和引进先进技术，实现技术与生产的对接，以较低的土地、人口要素，支撑其产出落地。通过不同创新治理模式的划分，旨在实现内部要素的耦合和自洽。创新治理模式并不是单一的，应结合实验主义思路，探讨适应不同区域、关注不同领域和环节的实现方式，并利用对应的创新实践，检验和改进，不断形成较为成熟的模式。

二、动力机制：由实验治理转向常态治理，让创新进入考核体系

创新治理演变过程整体上隶属于政府治理本身的发展、演变过程。实验主义治理方式是有效探索的模式，但并非最终归宿。从近年来的实践看，政府治理亦呈现激励、约束并重的趋势。传统政府治理更倾向于强激励、弱约束、结果导向，现代化治理更强调弱激励、强约束、结果与程序并重，这一方面会减少对政府的依赖，更好地让市场发挥作用，另一方面，由于价值理念尚未完全转变，市场发育尚未特别成熟、要素激励手段并不健全，需要在追求结果中规范各项行为，体现程序正义，从而逐渐将治理路径、模式逐渐固定下来。实验主义创新治理，归根结底是创新治理的实现过程，是不断探索、尝试，寻求常态化治理方式的过程，尽管“常态”是相对的，但却是政策试验的阶段性目的，治理模式一旦确立，通常形成路径以来，维持一段相对较长时间。

中国创新治理启动以及改革深化过程中，各阶段有不同侧重点：从确立方向、提高关于科技重要性的意识到加强科研队伍建设、促进基础研究、开放技术市场，再到提高自主创新能力、构建产学研相结合的技术创新体系、促进产业化。体制政策的改革创新顺应不同阶段的市场现状和需求，为科技创新、质量创新打通道路，激发创新活力等。无论是经济开发区、高新技术园区，还是创新型城市、综合改革试验区，其政策的有效性在于它的地域特定性及时间性。从理论讲，政策应用中的“空间泛化”即意味着无政策。从实践看，随着这些特定区域的增长、空间范畴的扩展，开发区、试验区等运作模式事实上已是“常规化”，实际政策效用已极其微弱。一定程度上，围绕特定试验区等名目的争夺，已经成为凝聚创新人气和呼声的过程，能够得到的政策优惠有限，伴随中国新一

轮机构改革启动，通过新型研发机构整合各方资源，打开从“科学”到“技术”再到“产品”的通道，实现由“行业管理”向“功能管理”的转变，创新治理的常态化，是实验主义创新治理的归宿。

形成常态化治理，要从治理理念与目标、治理主体、治理路径、治理绩效以及支撑体系上厘清清晰思路，从理念层面看，创新治理要正确处理好政府、市场的关系，发挥三螺旋创新机制的关键作用，让多元主体广泛参与到创新过程中，一是厘清各类创新主体的功能定位及协同关系，避免出现“越位”“缺位”和“错位”，要遵循“试点—筛选—扩散—巩固”的路径设计（见图 8－2），借助能力评价与影响评价，不断提高政策和制度供给的质量和效率。二是在科技创新过程中不断提升高质量公共产品和公共服务供给能力，努力发挥学术团体、行政决策、市场机制在科技资源配置中的作用，增进创新主体间的互动，推动创新网络和创新生态的形成，营造崇尚科学、鼓励创新的社会氛围。三是实现治理过程的规范化、科学化和流程化。例如，对于不同载体，如经济开发区、高新技术开发区等，借鉴英国等采取的渐进政策，政策有效期一般为 10 年，期满后各类特殊政策等即告取消。

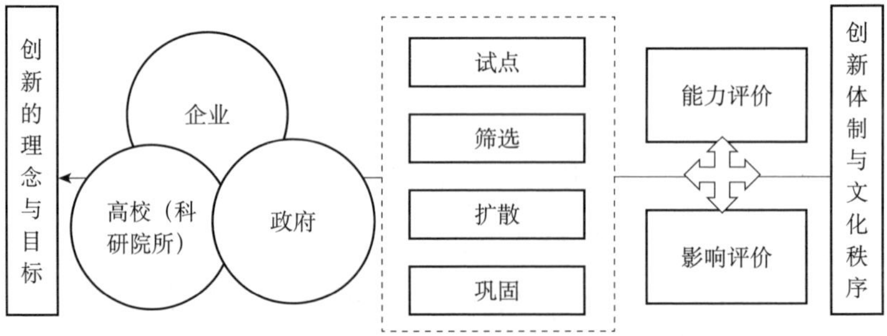

图 8－2　常态化创新治理模式构成示意图

创新工作的开展通常要与考核挂钩方能发挥作用。创新治理的评价既要评价创新成效本身，更要关注治理主体所发挥的作用。目前国内并未形成健全的系统而具体明确的官员考核标准，2006 年中央组织部发布的《体现科学发展观要求的地方党政领导班子和领导干部综合考核评价试行办法》，列出了民主推荐、实绩分析和综合评价等干部考核的具体方法，但并未给出量化指标；2013 年中央组织部再次下发《关于改进地方党政领导班子和领导干部政绩考核工作的通知》，提出官员考核不再“唯 GDP 论”；2016 年 5 月发布的《国家创新驱动发展战略纲要》明确提出监测评价机制，“完善以创新发展为导向的考核机制，将创新驱动发展成效作为重要考核指标，引导广大干部树立正确政绩观。加强创新调查，建立定期监测评估和滚动调整机制”。

落实到实践操作中，目前涉及创新型试点城市、自主创新示范区等的考核，其目标对象为特定区域，多为“自上而下”式的，并不适用由实验治理向常态治理的转变过程。多数地方政府工作考核中，以创新为特征的评价条件自然没有无法体现。因此，建议根据不同创新区域类型及承担的职责，在明确部门创新治理角色分工的基础上，有针对性地设计相应的考核评价体系，将创新指标作为考察政绩的重要权重。一方面，要尽快建立一套包含创新目标、过程在内的、科学、客观、可操作的地方政府创新治理评估体系，为创新因素纳入官员政绩考核体系提供条件；另一方面，可通过立法将改革创新明确列为政府的法定工作职责和绩效考核的重要内容，并制定一系列激励保障措施和容错机制，从制度上保障创新治理的顺利推进。具体到考核流程方面建议：

一方面。因地而异、因人而异、因部门而异，设定不同的评价指标和有针对性的流程。在区域考核方面，建议结合国家创新体系在区域功能方面的定位，构建区域创新政策绩效评价指标体系，按照东、中、西、东北等区域分类，对高新技术产业开发区、国家创新型（试点）城市、自主创新示范区、全面创新改革试验区等实验效果进行量化分析，明确各区域的优势与不足，指出各区域创新驱动功能定位和未来发展方向，提升中国区域创新体系的优化布局和协调配合，有的甚至可单独化为独立的行政单位管理，例如，当时的广州萝岗区就是在开发区、高新区等“四区合一”的基础上组建的新行政区，通过体制创新将各类园区发展空间进行统筹；对于同一政府层级的官员而言，要以不同的衡量标准分开考量，以提高创新治理绩效考核的合理性、科学性；进一步完善地方官员竞争的锦标赛制度，根据各地经济发展和自然条件，不同地区尝试有区别的绩效考核体系；加强对地方官员决策和行为的长期影响的考核，如地方政府债务状况和生态环境长期影响。

另一方面，要尝试引入跨部门、跨地区的竞争机制，借助独立的第三方评价确保公正、客观；利用现代移动互联技术等，强化评估评价的科技赋能，实现

“自上而下”与“自下而上”考核相结合的方式，让百姓和企业及时评价政府部门的服务态度和效率，如建立跨部门的创新治理能力排行榜。

三、创新载体：发挥三方主体主动性，强化新型研发机构作用

创新体系由不同行动者、组织以及相互之间的关系组成，既受地域边界限制，也能跨越边界与其他国家创新系统中的行动者产生联系创新治理实践的推进，主要目的在于调动参与主体各方积极性，实现创新主体间密切协同。打破横亘在学科、产业、区域、机构之间的界限，实现科技和经济、科技与教育、科技与文化的融合，压缩从基础研究到应用研究，从技术原型到产品开发和商业化的时间，因此，创新治理要突破行政边界制约，通过各种隐性和显性规则，在不同层面上协调治理主体多方参与。对于涉及三螺旋创新各方主体而言，应形成共同发展愿景和心理意识，在厘清认识基础上对构成三螺旋创新主体及其博弈过程、所产生的影响有明确认识，清晰划定不同创新主体职责范畴，在确保各自发挥作用基础上强调协同、实现合力。这就意味着，在发挥市场在资源配置中决定性作用的同时，政府必须主动作为，加强科技创新治理。

着眼于快速变化的科技发展态势，未来要坚持开放创新、融合创新理念和框架，引导各主体发挥作用，既要加强公共部门、民营部门合作，也要加大公共部门研究资源向民营部门开放力度，借助特定政策扶持手段，积极支持以中小企业为行为；不断放松体制机制束缚，深化高校院所技术成果转化创新管理与激励机制改革，选择研发能力强、技术成果多的高校院所开展试点，使之专司高校院所技术成果转移转化职能；持续构建功能型的成果转化组织载体，创造条件让高校、科研院所能够更积极、主动地参与科技成果转化过程中，扩大科研成果自主处置权。这都对创新参与主体提出了更高要求。而传统的松散型重点的研发、知识转化产学研联盟、间歇式合作中心等组织形式，已经不适应创新形势和需要，导致目前创新治理在提升效率方面捉襟见肘。

三螺旋架构下迫切需要新型研发机构，打通既有研发及转化过程中存在的难题。新型研发机构，作为在属性、机制和功能与传统科研机构存在较大差异的创新平台组织，在体制机制方面更加灵活，多以混合体制方式存在，既有事业单

位，又有企业和社团；其设立主体有高校、科研院所，也有企业、中介机构和投资机构；在功能上，集各主体共性和优点，更加多元化和集成化，把科技研发、成果转化、产业孵化、企业培育、投资服务等融为一体，本质上是一种集成科研、孵化、资本等功能的创新生态模式，新型研发机构成为支撑创新渠道战略重要构成主体，这些机构传承了传统三螺旋模型的优点，补齐了存在的部分短板。近年来，中国的科技创新组织范式呈现持续变革的态势，在经济体制、科技体制和高教体制等改革的共同推进下，2019 年 9 月，国家颁布《关于促进新型研发机构发展的指导意见》，大力倡导和支持新型研发机构建设发展。就其发展前景、作用机理以及补充机制看，应着重关注如下几点：

一是要把新型研发机构作为创新组织和创新生态建设的中心环节，赋予其“法定机构”的相对独立地位以及人财物自主权，努力打破传统党政机构、事业单位与公司企业分割体制间冲突，以混合、多元组织性质，构筑政府、高校科研院所、企业之间的制度性通道，为创新要素整合提供混合制度空间和实体组织载体。在机制融合方面，要以市场机制调节为主导，政府重在发挥宏观指导、协助服务等作用，借助市场机制，实现科研、投资、孵化等不同能力的协调和整合。在组织架构上，可借鉴中国科学院深圳先进技术研究院（见图 8 – 3）的组织模式，按照委托—代理模式，实施公司制模式，理事会领导下的院长负责制，通过扁平化、少层级的组织架构，使整个组织能够针对创新活动实际作出及时决策和快速反应；打破行政化干预管理的制约，真正发挥市场化运营管理机制的作用，不断提升应用创新资源的集聚效率。在政策出台方面，应持续完善创新平台，发挥创新组织建设政策文件、规划指引作用，积极出台向新型研发机构倾斜的支持政策，使各省市创新平台创新组织建设发展更加聚焦聚力，建构起区域创新生态的坚实高效的基本组织单元系统。

二是创新要发挥组织、机制创新的保障作用，不断深化科研体制、成果转化体制和创新企业培育体制改革。要按照灵活、高效原则，不断转变长期以来困扰创新主体的“事业单位”属性及其管理机制“剪不断理还乱”窘境，尽快建立与企业与市场紧密对接的运营新机制，有效发挥科技研发成为产业创新来源的功能与效用。以应用创新为中心，围绕产业链部署和融合创新链，讲求创新的应用性、转化率以及经济效应；打破从实验品到商品、从研发团队到企业、从孵化器

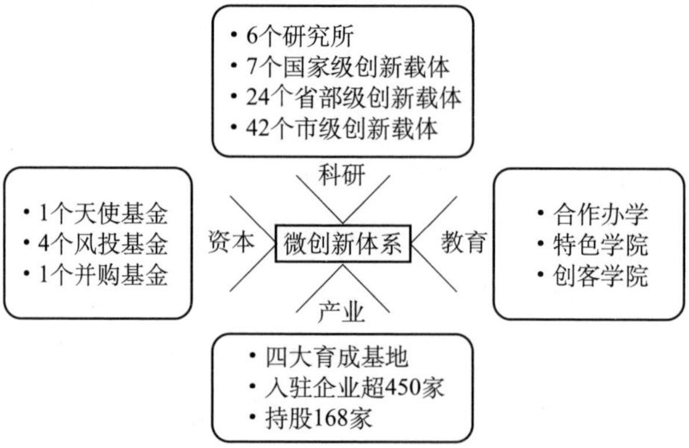

图 8－3　中国科学院深圳先进技术研究院“四位一体”微创新模式

到市场转化的体制性障碍，建立畅通转化的机制。要以新型研发机构为载体，避免路径依赖和传统模式“同化效应”，绝不能让新型研发机构适应顺从传统体制。要发挥部门群策群力作用，强化政策协调性、可落地。建议由科技、发改、教育、国资、财政部门和重点院所高校、重点创新企业联合研制统合性的改革方案和相关政策，支持其在体制机制改革上进行大胆探索。创新需要站在体制和政策的肩膀上。出台更有利的机构设置、制度安排和政策条规，加大相关投入、营造有利于创新企业和人才成长的环境，形成支撑创新发展的新生力量。

三是强化协同意识和整合思维，发挥三螺旋协同创新战略联盟的作用。新型研发机构很大程度也是一种联盟组织形式，但所谓联盟并不一定必须是特定的实体组织，而是形成一种工作机制，这种机制作为新型的政产学研合作组织形式，以“知识—技术—信息”逻辑整合、构造紧密型协同创造网络，从而确保各方长期、稳定、互利的伙伴关系，并在战略层面上达成资源整合与创新的目的：对于企业而言，可借助于大学科技与人才力量，借助科技研发上的合作达到技术创新和新产品开发目的，提升自身在市场上的竞争力；对于大学而言，应借助与企业深层次合作加快科技成果转化工作，在创新实践做好人才教育与培养、提升教学及科研水平，缩短学校与市场间隔，充实办学经费等工作；对于政府而言，则要通过财税支持政策加大对高校、科研院所和企业的科技项目资助，不断提高创新要素投入和产出，提升全要素生产率，保持经济发展的一定增速。应积极发挥三螺旋战略联盟的作用，利用大学（科研院所）、企业、政府力量，积极组织并建立长期稳定的协作关系，使协同创新趋于长效性和深入性，促进各方在资源整合上发挥更大的作用，促进了科学、技术与经济的有效结合。

四、保障体系：平衡中央地方权力划分，持续优化创新治理流程

创新的非线性特征，要求治理权力和治理范式的转变。从时间序列的创新治理实践以及不同载体的创新治理探索，在三螺旋创新治理模式下，鉴于实验主义创新治理所传达的试验和探索性属性，国内各级政府和创新行动者并非拘于顶层设计的统筹规划、不得不参与相关工作，而是往往基于自愿合作观念，参与创新治理过程，对于不同试验载体的申请，也基于主观能动性的动因，在具体探索过程中亦缺乏既定的经验可循，处于“摸着石头过河”的状态，这种自发协调状态下的探索一方面值得肯定，另一方面，各级政府也面临着缺乏正式制度框架以及规则制定权限的限制，创新治理的有效性、规范性都有待进一步强化，需要从央地关系等视角出发，制定规范完善的多层次创新治理框架。

回顾改革开放以来中国在创新实践中的探索，整体看目前仍处于起步探索阶段，但也在一些创新试验下，形成了极富特色的实验主义创新治理路径。如前所述，中国的实验主义治理经历了整体式“试点—筛选—扩散”、融合式共同学习、动态式集、分权和适应性识别等机制的过程，借助对公共政策进行验证、强化或纠偏，最终形成相对稳定的创新治理政策试验模式，但这体系即不完备，也不系统，需要探索和完善空间还很大。地方城市政府作为创新政策实验的主体，享有较为完备的政策试错主动权，并在中央柔性规制下完成多级政府间信息沟通与共同学习。然而，在现实中这种创新治理模式面临着中国行政体制和创新主体关系建构的双重挑战，创新不确定性和不同地方多样化的创新资源禀赋也进一步增加了创新治理风险。因此，需要重塑“中央—地方”各级政府职能，结合前期创新治理探索，不断理清城市、区域和中央政府的治理重点和治理方向，形成定位清晰且富有弹性的国家创新治理体系。

中央政府层面，应继续加大战略引领，保障政府在科技支出方面的投入，辅助于创新结果的考核与考察，坚持结果导向，把优先资源的用在关键领域、环节；要借助市场调节、社会协作机制，让三螺旋创新主体能够最大限度地发挥主动性，并实现有效率的资源配置；要发挥企业主导作用，激励企业加大研发支

出，强化企业主体地位。人才是创新产业发展的核心，拓宽人才培养渠道没有捷径可走。用创新思维发展高校教育资源，借鉴先进教育经验调整教育产业结构是培养助力创新、引领创新之人才的必经之路，应把发展教育资源、培养对口专业人才作为当务之急；强化基础学科建设，积极引导人才加入科研和高层技术人才队伍，在学科建设上，适时根据市场需求变化，不断调整和优化高校学科结构、适当开办新兴专业。企业与高校双方要共同参与人才培养，发展培育“对路”的高质量人才，从两方面入手，逐渐培养具备成熟工艺技能、经验丰富的技术人员。

各地要持续探索试点政策推动区域创新水平提升的多维路径，不断完善创新治理体系，多举措提升创新治理能力和区域创新水平。一方面，继续在实验主义治理框架下，借助多样化的试点政策不断优化三螺旋创新机制，尤其是增强政府对创新活动的战略性引导，促进区域高素质劳动者集聚、激励企业投资以及优化创新环境等方式，避免资源错配，使创新产业的政府投入真正起到应有效果；另一方面，在强化审批程序时采取更加严格有效的管理措施，也要防止行政权力的过分插足或企业垄断行为对创新的干扰。在这个过程中，政府自身的行为和政策创新至关重要，多部门间的协同、反垄断平台建设等等元素共同作用，方能营造健康的创新环境，使更多企业具有创新动力。专利评审机构需要重视专利的原创意识和产业化可能性；地方政府在审批过程中也许对是否具备创新能力进行摸底、对有无可能带动当地创新产业的发展进行评估，真正是企业先创新对当地商业环境蓬勃、多元地发展发挥作用。

第九章　中国实验主义创新治理体系与优化

通过本书研究，我们分析了过去四十年间，中国政府如何与过去的“命令—控制”型政府管理模式决裂，并逐步建立一个多方参与的鼓励创新的实验主义创新治理体系。中国的成功是国家推动的结果，国家用四十年时间改革创新治理模式，发展市场经济和私营企业，优化创新市场的资本、知识和人力资源配置。这种制度变迁使中国的创新能力取得了显著的进步。

一、中国实验主义创新治理体系

本书对中国的实验主义创新治理进行了历史回顾，通过国家创新试点城市、自主创新示范区、国家全面创新改革试验区的演进，构建了中国的国家实验主义创新体系（见图9-1）。这种演进强调了三个相互交织的要素，即：（1）权力的分配从集权到分权再回到集权；（2）逐步明确的政策目标和手段；（3）战略目标的动态变化。实验主义治理模式的演变表现为：在市级层面上探索政策选择的适应性协调、在地区层面上有选择性地测试政策工具、在国家层面上以政策框架的部署为目标的层次实验。这些模式采取渐进的方式最终形成（或改革）政策，这是中国政策制定过程的显著特征之一。

中国政府长期通过多样化的政策实验来支撑经济的持续发展（Heilmann，2008）。改革开放以来，中国财政、行政领域经历了以权力再分配为特征的改革（White & Landry，2010；Sebastian. Shih & Andreas，2013）。大量研究将这一趋势与公众的参与和监督、问责制和绩效评估联系起来（Sebastian，2008）。近年来，由于1994年的税制改革，中国重新出现了权力和权威的再集中（Ngok，2013；Li，2014）。这种多层政府间的分权和再集中的动态变化为实验主义治理的实证

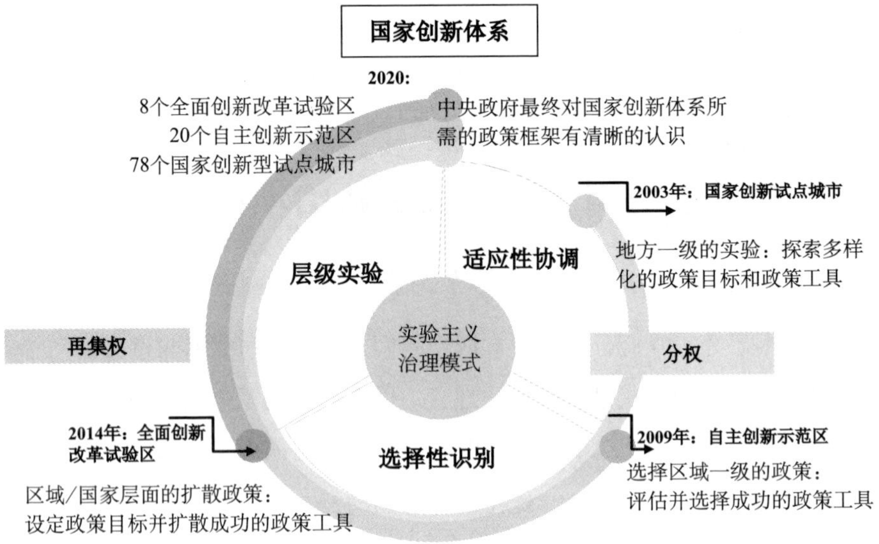

图9－1　中国实验主义创新治理体系

分析提供了广阔的政治背景。

“摸着石头过河”的渐进式改革方式被认为是中国改革开放取得成功的重要因素（Cai & Daniel，2006；Gabriella，Qian & Weingast，1995）。世纪之交以来，中国在各级政府进行了一系列政策试点，推动创新战略的发展。中央政府倾向于利用暗示性的、非强制性的政策建议来迅速启动地方政府的试验，避免不必要的政治辩论（Heilmann，2015；Fan，2014）。中央政府也鼓励地方政府根据当地情况，尝试多种政策工具（Zhang & Zhu，2019）。随着前一阶段试验积累的政策经验和知识，中央政府倾向于重新获得控制权，并倾向于自上而下的大规模政策扩散机制。中国创新治理的众多复杂实验为研究转型国家的实验主义创新治理提供了典型案例。

在中国这样的转型国家，政策环境往往是高度不确定的，变化频繁（Lan & Zhong，2012；Shi，2006）。因此，决策者需要适应并注意不断变化的机会和资源，这些机会和资源是诱导创新的。政府管理者需要支持基于证据的决策，并注意来自各个方向的信号，包括同一级别、较低级别和较高级别的政府（Berke，2004；Fulong & Zhang，2010）。实验主义治理可以帮助地方政府领导人找到学习和采纳政策和经验的最佳方式，帮助中央政府领导人选择合适的方式来推行政策（Shi，2006；Williams，Jennifer & Richard，2005；Heilmann，2008；Wei & Yu，2006）。

这篇论文加深了我们对传统集权国家的多级政府行为和相互作用的理解。中央政府在实验主义创新治理的过程中，根据不同的政策目标、手段和授权方式，采取不同的、灵活的措施，使各级政府通过经常性的互动，为国家战略的制定做出贡献。这个模型展示了一个路线图，通过这个路线图，实验性的治理在中国是适用的。

二、中国实验主义创新治理过程中的央地交互机制

中国实验主义创新治理模式的独特性在于其央地交互机制，它涉及中央政府和地方政府的关系。中央政府拥有决策权威，认可和否定地方行动，而地方政府根据他们的区域发展战略环境采取灵活的实验模式。根据这一普遍规律，中央与地方的关系在不同的发展阶段会有细微的变化。其演变过程如下文所述。

20 世纪 80 年代至 90 年代初，国家对计划经济体制进行了初步改革，在高科技领域引入了市场制度和私有制。中央政府启动了市场改革，认可了科研人员通过自主创业转让技术用于商业的行为。作为指定的试验区，地方政府探索了适应新市场的规则和做法，保护经济和私有企业不受外部政治动荡的影响。

由于中央没有采取明确的指导或全面的改革，地方倡议在许多情况下与更大的政治和法律框架相冲突。但是，由于中央和地方之间通过不断的冲突和谈判而产生的相互作用，推动制度逐步变化。良好的地方政策和做法被中央采用，适用于整个国家。通过这种方式，当时萌芽状态的私人公司得以生存和发展。在这一阶段，大部分改革主要发生在试验区，不需要各级行政部门之间的综合协调，因此可以在地方行政人员的授权下进行。中央政府授权的实验区为新制度的推广开辟了空间。伴随着这种变化，实验区内的高新技术领域开始出现学习、模仿、扩散等现象。

20 世纪 90 年代中期至 21 世纪初，改革进入巩固阶段。中央政府通过发展国

有企业、借鉴国外先进技术、赋予民营企业自主权等方式来提升创新能力。虽然地方政府制定了优惠政策来鼓励民营中小企业，但总体而言，地方政府对待民营企业的态度往往不如跨国公司友好，因为跨国公司可以用较少的投资带来更多的经济效益。在这一时期，由于国有企业的低效以及国内私营企业的缺乏竞争力，自主创新仍然很薄弱，尽管从全球创新的经验中，他们可以学习外国的技术以促进自身发展，但这种学习在当时很少出现。

政府认识到，增加自主创新的失败是由于缺乏“自上而下”建立稳定的市场经济监管框架的全面改革。这种全面改革，是提高中国自主创新能力的必要步骤。当时中国仍然缺乏一套新的规则和条例，以保证提高本国技术的努力。用新制度取代旧制度需要自上而下的努力，而在中国，这一过程需要较长时间才能完成，因为这一过程需要在不同地区进行多次试验，并需要不断的中央与地方政府间互动。地方经常向中央当局提供反馈，产生了一轮又一轮的谈判、讨论和规则修订。这种治理模式随后被中国政府采纳，助推了第三阶段的实验主义创新治理改革。

2005 年至今改革进入第三，第四阶段，中央政府的职能主要集中在宏观调控上，不再干预具体的市场运作。随着国家在一、二阶段的改革努力，适应市场经济的新法规逐渐取代了旧的法规。这些新制定的知识产权保护法、专利法、公司法等法规，不仅得到了很好的贯彻，而且得到了很好的执行。完善的监管框架为促进创新提供了良好的基础。在这样的背景下，中央政府不仅把技术作为推动经济发展的主要动力，而且把科技进步作为第一要务。与前两个阶段不同，地方政府不需要过多地面对现行法律。地方领导人根据特定的地区情况，在现有的监管框架探索改革的做法，或制定具体的操作规则。在中央和地方管理者的共同努力下，中国的创新能力得到了极大的提升。激进创新的比例显著提高。以“试点—筛选—扩散”为基本模式的实验主义治理成为该阶段中国政府创新治理的主要手段。该模式下，中央基于政策目标、政策工具，有针对性地在不同地区开展创新治理实验，并给予不同授权。这种治理机制在实践中逐步完善，发展为一个中央和地方交互政策信息，明确政策目标的平台。

综上所述，在央地交互的中国实验主义创新治理模式中，地方政府和中央政府分别发挥各自的作用。地方政府有着四个任务：提供多样化的实验基地，并将他们的成功经验介绍给其他地区；打破旧体制的束缚，探索在其领域内促进自主创新的适当途径；与中央保持一致，同时根据当地的历史、政治和文化背景创造性地实施其政策；作为企业与中央政府之间的有效协调人，使中央政府在执行政策时能够代表中央政府对后者给予支持。

中央政府在这一模式中至少有四项职能：选择试验区并在特定区域中试验其政策；进行试验，在官方系统中控制人事管理，以便本地官员可以按照其指定的方向进行实验；从上述试验的政策反馈中汲取信息，对整个体制进行改革；推广地方试验的成功经验。

总体上看，中国实验主义创新治理模式下央地互动呈现出“时间上的非线性”和“空间上的交互螺旋”特征。中央与地方的动态关系在两个方面促成了制度变迁：一是地方政府根据自身的具体情况，通过自上而下的探索，创造性地实施中央政策；二是中央政府通常制定非常宏观和抽象的总体指导方针，为地方官员在有限的总体框架内制定操作细节并实现它们，留下了巨大的发挥空间。中央允许一定程度的地方自主，使地方行政人员既能关注中央政府的关切，又能满足地方的需要，逐步改变整体制度环境。

在很多时候，中央政府给予地方政府更多的授权，允许他们在更大的背景下采取大胆的举措，即使与当前的规章制度相冲突。在这种情况下，地方成为打破制度壁垒的实验基地，探索替代的可行路径，更好地实现促进创新的目标。这些实验通常很受关注。如果成功，中央将采纳地方经验，并在国家一级积极推广。即使不成功，地方经验遇到的失败、瓶颈和困难也会及时报告给中央，引起中央对体制改革问题的极大关注，并导致自上而下的改革，促进制度变革。

地方实验如果希望作为一个在全国推广的模式，它必须得到最高权威的认可。这些模式大多是从基层挑选出来的，大多是县级或市级的。这种级别的行政人员很难把他们的政治关系扩大到最高层。即使他们能让高层官员听到他们的声音，他们的实验结果也必须是相当有效率的提升，这样他们才能获得中央的关注。由于高级官员在职业发展方面没有压力，他们关心的是让选定的案例为当时具有中期和长期影响的重要国家战略服务。因此，被推广的试点经验不太可能只满足短期的政治利益。这意味着，实验主义分散决策的改革策略巧妙地避免了转型国家经常遇到的“制度结构不确定性”（The problem of structured uncertainty）

问题，成为突破现有制度框架并规避决策风险的有效手段。

在政策实验过程中，地方官员同时扮演了中央政府的政治代理人和地方企业的利益鼓吹者的双重角色。一方面，他们需要遵守进一步推进其政治生涯的理性人意志。如果他们的改革措施与现行规则相冲突，他们通常会很谨慎。另一方面，他们也需要积极地处理当地的商业利益，要么是出于对其政治成就的考虑，以此来获得晋升，要么纯粹是出于工作职责的考虑。因此，当地领导需要不仅有效地传达中央领导和当地企业人员转达双方彼此的关切，而且实施政策，调整、适应当地的情况，及时反馈给高层管理当局寻求在其辖区或更大地域范围的改革。这也反映了地方政府的局限性——即他们必须将地方实验限制在安全范围内，而不会因严重违反现行规则而受到惩罚。

因此，制度变革的步伐是渐进的，逐步的，涉及不断的对话，争执，妥协和拖延，这不同于“自上而下”试图一劳永逸解决制度问题的改革。

三、研究局限

本书通过对中国实验主义创新治理的分析，加深了我们对集权国家中多级政府行为与互动的理解。许多学者倾向于将地方分权与实验主义政策的适用性联系起来。然而，我们的研究结果显示，在中国这样一个传统上的集权国家，中央政府针对实验主义创新治理过程中不同的政策目标与工具、权利分配、战略目标动态变化采取灵活而富有弹性的不同举措，从而使多层次政府在反复互动的过程中为国家战略的最终形成作出贡献。值得注意的是，本书也存在以下局限性。

（一）研究视角局限

中国实验主义创新治理的核心特征是国家的主导权力，它将有限的自治权留给其他主体，使国家主体能够有效地管理社会群体而不干扰政府的意志。因此，这一特征不仅体现在中央与地方的关系上，还应体现在许多国家与社会团体、国家与非营利组织、政府与国有企业、国家与公共研究机构等国家代理关系上。本书没有充分讨论中国实验主义创新治理的其他主体及相互关系。但是这些“国家—多元创新主体”关系也可能通过间接的方式影响创新。例如，政府对科学协会的控制可能会影响科学家对研究和技术转让的态度，导致更低或更高的创新激励。因此，对中国实验主义创新治理的其他主体关系的研究，可能有助于全面了解中国的创新治理及其对创新的影响。这也为今后的深入研究提供了新的视角。

（二）案例选择局限

对多个实验区案例的深入调查，可能会更全面地反映中央政府和地方政府为促进创新所做的努力，还可以更好地了解不同地区采用的不同发展策略。由于本书的主要目的是对当前文献无法很好地确定中国创新治理发展道路做出解释，而不是系统地测试这种解释或阐明其的区域多样性，因此，本书只对中关村的一个案例进行了深入的研究。后续，如果对多种实验区开展对比研究，将会有利于学习不同地方治理策略和中国实验主义创新治理更具体的进化轨迹。

（三）研究方法局限

本书对中关村发展思路的大量了解是通过半结构化访谈获得的。由于时间和客观条件的限制，本书使用滚雪球抽样而非随机抽样来选择我的受访者。因此，受访者可能会因为对园区管理的了解而持有一些类似的观点，也可能会对政府的影响抱有偏见。特别是在评估政策有效性的问题上——管理者的意见可能会给出积极的反馈。但到目前为止，只有这些人对某一实验区的政策内容和执行情况非常了解。在未来的研究中，为了更好地了解实验区的发展，特别是对于多案例研究，在样本选择上仍然需要遵循随机抽样的程序。

（四）政策类型局限

然而，必须承认创新治理是一个相对纯粹的经济政策案例，因为它涉及的政策政治风险相对较少，对官员的政绩激励相对较强（Wang 2006；Zhang 2015；Zhu，2017）。其他资源消耗型政策（福利政策、环境政策）对地方官员激励较少，可能会呈现不同的互动方式和政策结果。此外，这篇文章是描述性研究，没有对改革开放后成熟的多种实验主义治理模式展开实证检验。未来的研究可以进一步探讨不同类型政策下中国实验主义创新治理治理举措，也可以以本书为基础进一步开展实证研究，检验中国不同的实验主义创新实验举措的政策绩效。

四、新时代中国创新治理的未来展望

在改革开放四十多年创新治理长期实践和阶段性总结的基础上，中国探索和完善了一套机制相对稳定，富有环境适应性、政策灵活性和高效纠错力的中国式实验主义创新治理框架（章文光，2018）。在该框架下，政府通过“融合式共同体学习”的内部机制逐步调整创新治理主体间的创新网络，协调在更大范围更深程度上不断融合迭代的创新混合机构；通过“动态式调整”的外部机制逐步拓展创新治理的外部边界，扩大创新主体与包括知识、技术、人才和资本等创新市场资源的接触面；通过一系列政策“试点—筛选—扩散”的实验主义方法优化创新治理路径，检验创新政策工具与政策目标的匹配程度，并随时根据创新治理效果对创新政策实验进行调整、强化或纠偏，最终以创新网络合力探寻最优化的国家层面战略性创新政策。随着创新理论和经济进程的发展，未来中国的创新治理需要在以下几个方面优化治理方式，提升治理能力。

（一）主体赋能，形成多元治理的创新主体主体关系

知识经济条件下，创新是非线性的螺旋式上升过程，各创新主体（包括政府、企业、科研机构）之间只有组织有效的、以市场为导向的分工协作网络，才能形成从知识的产生到转移再到推出最终产品和服务的螺旋上升的途径（Gries & Rosen，2004；Schubert，2006）。这就需要对创新创新主体主体进行赋能，发挥政府、企业和科研机构的主体作用，使各创新要素合理分工和协作，实现创新系统的高效运行。由于中国尚未形成完备的公共需求表达渠道，作为创新政策供给方的政府与创新政策需求方的其他创新主体间横向沟通网络很弱，存在大量显性和隐性治理障碍。因此，需要政府进一步放权推动主体赋能，鼓励多元主体充分发挥作用，形成多元创新治理的格局。

（二）多层治理，打造国家创新体系

创新体系是创新治理的着力点，它由不同的行动者、组织以及相互之间的关系组成，他们既受地域边界的限制，也能够跨越边界与其他国家创新系统中的行

动者产生联系。因此，创新治理要突破行政边界制约，通过各种隐性和显性规则，在不同层面上协调治理主体多方参与（Jiang，2004；Heilmann & Perry，2011）。这就要求治理权力和治理范式的转变（Yan，Wei & Zhou，2014）。然而，中国各级政府和创新行动者往往基于自愿合作参与创新治理过程，这种自发协调下的各级政府面临着缺乏正式制度框架以及规则制定权限的限制，需要制定规范完善的多层次创新治理框架，厘清城市、区域和中央政府的治理重点和治理方向，形成定位清晰且富有弹性的国家创新治理体系。

（三）政府重塑，完善中国实验主义创新治理路径

改革开放四十多年来，中国在实践中形成了极富特色的实验主义创新治理路径，通过整体式“试点—筛选—扩散”、融合式共同学习、动态式集（分）权和适应性识别等机制对公共政策进行验证、强化或纠偏，最终形成较为稳定的创新治理政策实验模式（章文光，2019）。地方城市政府作为创新政策实验的主体，享有较为完备的政策试错主动权，并在中央柔性规制下完成多级政府间信息沟通与共同学习。然而，在现实中这种创新治理模式面临着中国行政体制和创新主体关系建构的双重挑战，创新不确定性和不同地方多样化的创新资源禀赋也进一步增加了创新治理风险。因此，需要重塑央地各级政府职能，通过基层实验和顶层设计的有效结合优化实验主义创新治理框架。同时结合国家创新体系对区域功能定位的影响和作用方式，构建市场主导下区域创新的政策绩效评价指标体系，结合东中西部分类、新型区域战略分类、省区分类、创新型城市分类等不同维度，对中国高新技术产业开发区、国家创新型（试点）城市、自主创新示范区、全面创新改革试验区等实验效果进行量化分析，明确各区域的优势与不足，指出各区域创新驱动功能定位和未来发展方向，提升中国区域创新体系的优化布局和协调配合。

参考文献

[1] Dewey, John. Essays in Experimental Logic. New York: Dover Publications, 1916.

[2] Campbell, D. T. , Experimental and Quasiexperime. Rand McNally, 1963.

[3] Aboelela S W, Merrill J A, Carley K M, Larson E. Social Network Analysis to Evaluate An Interdisciplinary Research Center [J]. Journal of Research Administration, 2007, 38 (1): 61 –78.

[4] Adner, Ron. Match Your Innovation Strategy to Your Innovation Ecosystem. Harvard Business Review, 2006, 84 (4): 98 –107.

[5] Anderson, J. G. , Jay, S. J. The Diffusion of Medical Technology: Social Network Analysis and Policy Research. The Sociological Quarterly, 1985, 26 (1): 49 –64.

[6] Bajmócy Z, Gébert J. The Outlines of Innovation Policy in the Capability Approach. Technology in Society, 2014 (38): 93 –102.

[7] Baumol, W. J. Contestable Markets: An Uprising in the Theory of Industry Structure. American Economic Review, 1998 (72): 1 –15.

[8] Berry, F. S, Innovation in Public Management: The Adoption of Strategic Planning. Public Administration Review, 1994, 54 (4): 322 –330.

[9] Bouncken, R B, Pesch, R, Kraus S. SME Innovativeness in Buyer-Seller Alliances: Effects of Entry Timing Strategies and Inter-Organizational Learning. Review of Managerial Science, 2015, 9 (2): 361 –384.

[10] Brudney, J. , Hebert, F. and Wright, D. , Reinventing Government in the American States: Measuring and Explaining Administrative Reform. Public Administration Review, 1999, 59 (1): 19 –30.

[11] Burt, R. S.. Structural Holes: The Social Structure of Competition. Cambridge. Ma: Harvard University Press, 1992.

[12] C. Annique Un, Angeles Montoro-Sanchez. Public Funding for Product, Process and Organizational Innovation in Service Industries. Service Industries Journal, 2010, 30 (1): 133 - 147.

[13] Cheah, Sarah. Framework for Measuring Research and Innovation Impact. Innovation: Management, Policy & Practice, 2016, 18 (2): 212 - 232

[14] Chung, S. Building a National Innovation System through Regional Innovation Systems. Technovation, 2002, 22 (8): 485 - 491.

[15] Cimoli, Mario, Dosi, Giovanni, Stiglitz, Joseph. The Rationale for Industrial and Innovation Policy. Revista do Servico Publico, 2015 (66): 55 - 68.

[16] Cohen W. M., Levinthal D. A. Absorptive Capacity: A New Perspective on Learning and Innovation. Strategic Learning in a Knowledge Economy, 2000, 35 (1): 128.

[17] Crossan, M. M., Apaydin, M., A Multi-Dimensional Framework of Organizational Innovation: A Systematic Review of Literature. Journal of Management Studies, 2010, 47 (6): 1154 - 1191.

[18] Dercole F, Dieckmann U, Obersteiner M, et al. Adaptive Dynamics and Technological Change. Technovation, 2008, 28 (6): 335 - 348.

[19] Dodescu A, Chirilă L F. Regional Innovation Governance in the Context of European Integration and Multi-level Governance Challenges. A Case Study of North-West Region of Romania. Procedia Economics & Finance, 2012 (3): 1177 - 1184.

[20] Dosi, G. (Ed.). Technical Change and Economic Theory. London: Pinter, 1988.

[21] Edquist, Charles. Design of Innovation Policy through Diagnostic Analysis: Identification of Systemic Problems (or Failures). IDEAS Working Paper Series from RePEc, 2008.

[22] Etzkowitz H, Leydesdorff L. The Dynamics of Innovation: From National Systems and "Mode 2" to a Triple Helix of University-Industry-Government Relations. Research Policy, 2000, 29 (2): 109 - 123.

[23] Freeman C. Networks of Innovators: A Synthesis of Research Issues. Research Policy, 1991, 20 (5): 499 –514.

[24] Freeman C. The National System of Innovation in Historical Perspective. Cambridge Journal of Economics, 1995, 19 (1): 5 –24.

[25] Freeman, C. Technology Policy and Economic Performance: Lessons from Japan. London: Pinter, 1987.

[26] Furman, J. L. , Porter, M. E. , Stern, S. The Determinants of National Innovative Capacity. Research Policy, 2002, 31 (6): 899 –933.

[27] Garrett-Jones S. From Citadels to Clusters: The Evolution of Regional Innovation Policies in Australia. R & D Management, 2004, 34 (1): 3 –16.

[28] Gibbons, Llewellyn Joseph. Do as I say (not as I did): Putative Intellectual Property Lessons for Emerging Economies from the Not So Long Past of the Developed Nations. (Symposium: Perspectives on Innovation Past, Present and Future) . SMU Law Review, Summer, 2011, 64 (3): 923 –973.

[29] Glaeser, Edward L. , Rafael La Porta, Florencio Lopez-de-Silanes and Andrei Shleifer. Do Institutions Cause Growth? Journal of Economic Growth, 2004 (9): 271 –303.

[30] Gray R. , Kouhy R, Lavers S. Corporate Social and Environmental Reporting: A Review of the Literature and a Longitudinal Study of UK Disclosure. Accounting, Auditing and Accountability, 1995, 8 (2): 47 –77.

[31] Hall, P. , Taylor, R. , Political Science and the Three New Institutionalisms. Political Studies, 1996, 44 (5): 936 –958.

[32] Hopkins E. Job Market Signaling of Relative Position, or Becker Married to Spence. Journal of the European Economic Association, 2012, 10 (2): 290 –322.

[33] Roy Rothwell W. Z. Re-industrialization and Technology. Longman Group Limited, 1985 (4): 318.

[34] Sebastian Heilmann and Elizabeth J. Perry (eds.) . Mao's Invisible Hand. The Political Foundations of Adaptive Governance in China. Cambridge, MA: Har-

vard University Press, 2011.

[35] Sen S, C Bhattachary. Does Doing Good Always Lead to Doing Better? Customer Reactions to Corporate Social Responsibility. Journal of Marketing Research, 2001, 38 (5): 225 -243.

[36] Senge, P. The Fifth Discipline: The Art and Practice of the Learning Organization. New York: Doubleday, 1994.

[37] Sharif, Naubahar. Emergence and Development of the National Innovation Systems Concept. Research Policy, 2006, 35 (5): 745 -766.

[38] Soriano D R. Evaluating European Union Support for Innovation in Spanish Small and Medium Enterprises. Service Industries Journal, 2010, 30 (5): 671 -683.

[39] Spence M. Job Market Signaling. Quarterly Journal of Economics, 1973, 87 (3): 355 -374.

[40] Storz, Cornelia. Innovation, Institutions and Entrepreneurs: The Case of "Cool Japan". Asia Pacific Business Review, 2008, 14 (3): 401 -424.

[41] Tang H K. An Inventory of Organizational Innovativeness. Technovation, 1999, 19 (1): 41 -51.

[42] Tsai, W. Knowledge Transfer in Intra-organizational Networks: Effects of Network Position and Absorptive Capacity on Business Unit Innovation and Performance [J]. Academy of Management Journal, 2001, 44 (5): 996 -1004.

[43] Vertova, Giovanna. The State and National Systems of Innovation: A Sympathetic Critique [J]. IDEAS Working Paper Series from RePEc, 2014 (3): 401 -424.

[44] Walker, J. L. The Diffusion of Innovations among the American States [J]. The American Political Science Review, 1969, 63 (3): 880 -899.

[45] Watkins, Andrew, Theo Papaioannou, Julius Mugwagwa, Dinar Kale. National Innovation Systems and the Intermediary Role of Industry Associations in Building Institutional Capacities for Innovation in Developing Countries: A Critical Review of the Literature [J]. Research Policy, 2015, 44 (8): 1407 -1418.

[46] Xue C, Xu Y. Influence Factor Analysis of Enterprise IT Innovation Capacity Based on System Dynamics [J]. Procedia Engineering, 2017 (174): 232 -239.

[47] Zaheer A, Bell G G. Benefiting from Network Position: Firm Capabilities, Structural Holes, and Performance [J]. Strategic Management Journal, 2005, 26 (9): 809 -825.

[48] Zahra, S A, George G. Absorptive Capacity: A Review, Reconceptualization, and Extension [J]. Academy of Management Review, 2002, 27 (2): 185 -203.

[49] Zahra Sa, Ireland Rd, Hitt Ma. International Expansion by New Venture Firms: International Diversity, Mode of Market Entry, Technological Learning and Performance [J]. Academy of Management Journal, 2000 (43): 925 -950.

[50] Xue Lan, Kaibin Zhong, Domestic reform and global integration: public administration reform in China over the last 30 years, International Review of Administrative Sciences, 2012, 78 (2): 284 -304.

[51] Shih-Jiunn Shi, Left to market and family-again? Ideas and the development of the rural pension policy in China, Social Policy & Administration, 2006, 40 (7): 791 -806.

[52] Conroy Pr Berke, What Makes a Good Sustainable Development Plan? An Analysis of Factors That Influence Principles of Sustainable Development, Environment and Planning, 2004, 36 (8): 1381 -396.

[53] Vogel Fulong and Fangzhu Zhang, Governing Global City Regions in China and the West, Progress in Planning, 2010, 73 (68): 1 -75.

[54] Boyne George. Gould-Williams. Jennifer Law and Richard M. Walker, Explaining the adoption of innovation: An empirical analysis of public management reform, Environment and Planning C: Government and Policy, 2005, 23 (3): 419 -435.

[55] Heilmann Sebastian, From Local Experiments To National Policy:The Origins Of China's Distinctive Policy Process, China Journal, 2008, 27 (59): 1 -30.

[56] Yehua Wei. Dennis and Danlin Yu, State policy and the globalization of Beijing: Emerging themes, Habitat International, 2006, 30 (3): 377 -395.

[57] Youlang Zhang and Xufeng Zhu, Multiple mechanisms of policy diffusion in China, Public Management Review, 2019, 21 (4): 495 -514.

[58] White Lynn, Pierre-Franois Landry, Decentralized Authoritarianism in China: The Communist Party's Control of Local Elites in the Post-Mao Era, Journal of Chinese Political Science, 2010, 15 (3): 337 -338.

[59] Heilmann Sebastian. Lea Shih and Andreas Hofem, National Planning and Local Technology Zones: Experimental Governance in China's Torch Programme, The China Quarterly, 2013 (216): 896 -919.

[60] Ngok Kinglun, The Recent Social Policy Expansion and Its Implications for Intergovernmental Financial Relations in China, Australian Journal of Public Administration, 2013, 72 (3): 344 -358.

[61] Bingqin Li, Social Pension Unification in an Urbanising China: Paths and Constraints, Public Administration and Development, 2014, 34 (4): 281 -93.

[62] Freeman C. Technology Policy and Economic Performance: Lessons From Japan. London: Pinter Publishers, 1987.

[63] Bartholomew S. National Systems Of Biotechnology Innovation: Comolex Interdependence In The Global System. Journal Of International Business Studies, 1997.

[64] Elinor Ostrom. Governing the commons: The Eovlution of Institutions for Collective Action, Cambridge: Cambridge University Press, 2007.

[65] Wong, Linda. Marginalization and Social Welfare in China. London: Routledge, 1998.

[66] Raimo Vayrynen. Regionalism: Old and New. International Studies Review, 2003.

[67] Mattias Kumm. Constitutionalism and Experimentalist Governance. Regulation & Governance, 2012.

[68] Charles Sabel, William Simon. Minimalism and Experimentalism in the Administrative State. Georgetown Law Review, 2013.

[69] Greenstone, Michael, Rema Hanna. Environmental Regulations, Air and Water Pollution, and Infant Mortality in India. American Economic Review, 2014.

[70] Christine Overdevest, Jonathan Zeitlin. Assembling an Experimentalist Regime: Transnational Governance Interactions in the Forest Sector. Regulation & Governance, 2014.

[71] Berry Lowery. Understanding United States Government Growth: An Empirical Analysis of the Postwar Era. Greenwood Publishing Group, 1987.

[72] Box Steffensmeier, J. M., B. S. Jones. Time Is of the Essence: Event History Models in Political Science. American Journal of Political Science, 1997.

[73] Manion, M. The Cadre Management System, Post Mao: The Appointment, Promotion, Transfer and Removal of Party and State Leaders. China Quarterly, 1985.

[74] Damanpour, F. Organizational Innovation: A Meta-analysis of Effects of Determinants and Moderators. Academy of Management Journal, 1991.

[75] Berry, F., W. Berry. State Lottery Adoptions as Policy Innovations: An Event History Analysis. The American Political Science Review, 1990.

[76] Mesegue, F. Gilardi. What Is New in the Study of Policy Diffusion?. Review of International Political Economy, 2009.

[77] Shih, C. Adolph, M. Liu. Getting Ahead in the Communist Party: Explaining the Advancement of Central Committee Members in China. American Political Science Re-view, 2012.

[78] Guan, Xinping. China's Social Policy: Reform and Development in the Context of Marketization and Globalization. Social Policy & Administration, 2000.

[79] Coase, Ronald, Ning Wang. How China Became Capitalist. New York: Palgrave Macmillan, 2013.

[80] North, Douglass C. Institutions, Institutional Change and Economic Performance. New York: Cambridge University Press, 1990.

[81] Woo, Wing Thye. The Real Reasons for China's Growth. The China Journal, 1999.

[82] Xu, Chenggang. The Fundamental Institutions of China's Reforms and Development. Journal of Economic Literature, 2011.

[83] Cai, D. Treisman. Did Government Decentralization Cause China's Economic Miracle? . World Politics, 2006.

[84] Damanpour, F. The Adoption of Technological, Administrative and Ancillary Innovations: Impact of Organizational Factors. Journal of Management, 1987.

[85] Chien, S. The Isomorphism of Local Development Policy: A Case Study of the Formation and Transformation of National Development Zones in Post-Mao Jiangsu, China. Urban Studies, 2008.

[86] Choi, E. K. Patronage and Performance: Factors in the Political Mobility of Provincial Leaders in Post-Deng China. The China Quarterly, 2012.

[87] Ma, L. The Diffusion of Government Microblogging: Evidence from Chinese Municipal Police Bureaus. Public Management Review, 2013.

[88] Heilmann, Sebastian, Lea Shih, Andreas Hofem. National Planning and Local Technology Zones: Experimental Governance in China's Torch Programme. The China Quarterly, 2013.

[89] Charles, M. Tiebou. A Pure Theory of Local Expenditures. Journal of Political Economy, 1956.

[90] Clark, J. R. Cebula, Richard J. An extension of the Tiebout hypothesis of voting with one's feet: the Medicaid magnet hypothesis. Applied Economics, 2013.

[91] Heilmann, Sebastian. Policy Experimentation in China's Economic Rise. Studies in Comparative International Development, 2008.

[92] Heilmann, Sebastian. From Local Experiments to National Policy: The Origins of China's Distinctive Policy Process. The China Journal, 2008.

[93] Charles Sabel, Jonathan Zeitlin, Experimentalist Governance in the European Union: Towards a New Architecture. Oxford: Oxford University Press, 2010.

[94] Michael, C. Dorf, Sabel. A Constitution of Democratic Experimentalism. Columbia Law Review, 1998.

[95] Sandra Eckert, Tanja, A. Burzel. Experimentalist Governance: An Introduction. Regulation & Governance, 2012.

[96] Volden. States as Policy Laboratories: Emulating Success in the Children's Health Insurance Program. American Journal of Political Science, 2006.

[97] Wang, S. Adapting by Learning: The Evolution of China's Rural Health Care Financing" . Modern China, 2009.

[98] Geels, F. W. , Processes and patterns in transitions and system innovations: re-

fining the co-evolutionary multi-level perspective. Technol. Forecast. Social Change，2005，72（6），681－696.

[99] Agranoff，R. and McGuire，M.. Expanding intergovernmental management's hidden dimensions. American Review of Public Administration，1999，29（4）：352－369.

[100] Fuenfschilling，L.，Truffer，B.. The interplay of institutions，actors and technologies in socio-technical systems：an analysis of transformations in the Australian urban water sector. Technol. Forecast. Social Change，2016（103）：298－312.

[101] Blake，J.. Overcoming the "value-action gap" in environmental policy：tensions between national policy and local experience. Local Environment，1999，4（3）：257－278.

[102] Guo，Y.，& Cheng，W.. Developing a city governance index：Based on surveys in five major Chinese cities. Social Indicators Research，2012，109（2）：305－316.

[103] Marks，G.，& Hooghe，L.. Unravelling the central state，but how? Types of multilevel governance. American Political Science Review，2003，97（2）：233－243.

[104] Avelino，F.，Wittmayer，J. M.. Shifting power relations in sustainability transitions：a multi-actor perspective. J. Environ. Policy Plan，2015，18（5）：628－649.

[105] Benz，A.，Schimank，U.，Simonis，G.（Eds.），Multi-level Governance：Theoretische Grundlagen und Empirische Anwendungsfelder. Handbuch Governance. VS Verlag für Sozialwissenschaften，Wiesbaden，2007：297－310.

[106] Geels，F. W.. Ontologies，socio-technical transitions（to sustainability），and the multi-level perspective. Res. Policy，2010，39（4）：495－510.

[107] Bergek，A.，Jacobsson，S.，Carlsson，B.，Lindmark，S.，Rickne，A.. Analyzing the functional dynamics of technological innovation systems：a scheme of analysis. Res. Policy，2008，37（3）：407－429.

[108] Geels，F. W.. The multi-level perspective on sustainability transitions：responses to seven criticisms. Environ. Innov. Soc. Transit，2011，1（1）：24－40.

[109] Boyer, R. H. W.. Grassroots innovation for urban sustainability: comparing the diffusion pathways of three ecovillage projects. Environ. Plan. A, 2015, 47 (2): 320 – 337.

[110] Geys, B., Konrad, K. A.. Federalism and optimal allocation across levels of governance. In: Enderlein, H., Wälti, S., Zürn, M. (Eds.), Handbook on Multi-Leve Governance. Edward Elgar Publishing, Cheltenham UK, Northampton USA, 2011: 32 – 65.

[111] Bulkeley, H., Castán Broto, V.. Government by experiment? Global cities and the governing of climate change: government by experiment? Transact. Inst. Br. Geogr, 2013, 38 (3): 361 – 375.

[112] Bulkeley, H., Kern, K.. Local government and the governing of climate change in Germany and the UK. Urban Stud, 2006, 43 (12): 2237 – 2259.

[113] Bulkeley, H., Castán Broto, V., Hodson, M., Marvin, S.. Cities and Low Carbon Transitions. Routledge, London, 2011.

[114] Ernst, L., de Graaf-Van Dinther, R. E., Peek, G. J., Loorbach, D. A.. Sustainable urban transformation and sustainability transitions: conceptual framework and case study. J. Clean. Prod, 2016 (112): 2988 – 2999.

[115] Conroy, M. M. and Berke, P. R.. What makes a good sustainable development plan? An analysis of factors that influence principles of sustainable development. Environment and Planning A, 2004, 36 (8): 1381 – 1396.

[116] Bache, I., Flinders, M.. Multi-level governance and the study of the British state. Public Policy and Administration, 2004, 19 (1): 31 – 51.

[117] Geels, F. W.. Technological transitions as evolutionary reconfiguration processes: a multi-level perspective and a case-study. Res. Policy, 2002, 31 (8 – 9): 1257 – 1274.

[118] Geels, F. W.. From sectoral systems of innovation to socio-technical systems. Res. Policy, 2004, 33 (6 – 7): 897 – 920.

[119] Gualini, E.. The rescaling of governance in Europe: New spatial and institutional rationales. European Planning Studies, 2006, 14 (7): 881 – 904.

[120] Hall, T., Hubbard, P.. The entrepreneurial city: Geographies of politics, regime and representation. London: John Wiley & Sons, 1998.

[121] Happaerts, S.. Multi-Level Governance of Climate Change in Belgium: Modest Subnational Policies in a Complex Setting. Working Paper. Research Institute for Work and Society (HIVA), KU Leuven, 2013.

[122] Kavaratzis, M.. City marketing: The past, the present and some unresolved issues. Geography Compass, 2007, 1 (3): 695 – 712.

[123] Kornberger, M., Clegg, S.. Strategy as performative practice: The case of Sydney 2030. Strategic Organization, 2011, 9 (2): 136 – 162.

[124] Loyd, G., Peel, D.. Functionalism and representationalism in contemporary urban agendas: A Scottish perspective on city-region branding. Urban Research & Practice, 2008, 1 (1): 36 – 53.

[125] Morgan, N. J., Pritchard, A., Piggott, R.. Destination branding and the role of the stakeholders: The case of New Zealand. Journal of Vacation Marketing, 2003, 9 (3): 285 – 299.

[126] Nye, J. S.. Transformational leadership and US grand strategy. Foreign Affairs, 2006: 85, 139.

[127] Ong, A.. Neoliberalism as a mobile technology. Transactions of the Institute of British Geographers, 2007, 32 (1): 3 – 8.

[128] Scott, A., & Stopper, M.. Regions, globalization, development. Regional Studies, 2003, 37 (6&7): 579 – 593.

[129] Haughton, G., Allmendinger, P., Counsell, D., Vigar, G.. The New Spatial Planning: Territorial Management with Soft Spaces and Fuzzy Boundaries. Routledge, London, 2010.

[130] Shin, H. B.. Urban spatial restructuring, event-led development and scalar politics. Urban Studies, 2014, 51 (14): 2961 – 2978.

[131] Syssner, J.. Place branding from a multi-level perspective. Place Branding and Public Diplomacy, 2010, 6 (1): 36 – 48.

[132] Wu, F., & Zhang, J.. Planning the competitive city-region: The emergence of strategic development plan in China. Urban Affairs Review, 2007, 42 (5): 714 -740.

[133] Wu, Y., Li, X., & Lin, G. C. S.. Reproducing the city of spectacle: Mega-events, local debts, and infrastructure-led urbanization in China. Cities, 2016 (53): 51 -60.

[134] Kornberger, M., & Clegg, S.. Political economy of regional cooperation in the Pan-Pearl River Delta. In Yeh, & J. Xu (Eds.), 2011.

[135] Ye, L.. State-led metropolitan governance in China: Making integrated city regions. Cities, 2014 (41): 200 -208.

[136] Zhang, T.. From intercity competition to collaborative planning: The case of Yangtze River Delta region in China. Urban Affairs Review, 2006, 42 (1): 26 -56.

[137] Feola, G., Nunes, R.. Success and failure of grassroots innovations for addressing climate change: the case of the transition movement. Global Environ. Change, 2014 (24): 232 -250.

[138] Frantzeskaki, N., de Haan, H.. Transitions: two steps from theory to policy. Futures, 2009, 41 (9): 593 -606.

[139] Elinor, R., Ostrom, D. Governing the commons: The Eovlution of Institutions for Collective Action [J]. Cambridge: Cambridge University Press, 2007, 2 (3): 132 -153.

[140] Crossan, M. M. Apaydin, M. A Multi-Dimensional Framework of Organizational Innovation: A Systematic Review of Literature [J]. Journal of Management Studies, 2010, 47 (6): 154 -191.

[141] Jacob, R. & Merle, Z. Utilization of social science knowledge in science policy: systems of innovation, triple helix and VINNOVA [J]. Social science information, 2006, 45 (3): 431 -462.

[142] Vertova, G. The State and National Systems of Innovation: A Sympathetic Critique [J]. IDEAS Working Paper Series from RePEc, 2014 (3): 401 -424.

[143] Wong, L. P. Jarunee, D. Khaemasunun, P. China's innovation financing system: Triple Helix policy perspectives [J]. Triple Helix, 2015, 2 (1): 1 –18.

[144] Todeva, Z. & Emanuela, R. Governance of Innovation and Intermediation in Triple Helix Interactions [J]. Industry and Higher Education, 2013, 27 (4): 263 –278.

[145] Bartholomew, S. National systems of biotechnology innovation: Complex interdependence in the global system [J]. Journal of International Business Studies, 1997, 66 (3): 353 –366.

[146] Mattias, K. Constitutionalism and Experimentalist Governance [J]. Regulation & Governance, 2012, 15 (1): 147 –163.

[147] Woo, W. T. The Real Reasons for China's Growth [J]. The China Journal, 1999, 30 (2): 228 –258.

[148] Cai, H., Treisman, D. Did Government Decentralization Cause China's Economic Miracle? [J]. World Politics, 2006, 58 (4): 505 –535.

[149] Xue, C., Xu, Y. Influence Factor Analysis of Enterprise IT Innovation Capacity Based on System Dynamics [J]. Procedia Engineering, 2017, 174 (1): 232 –239.

[150] Heilmann, D., Sebastian, R. Policy Experimentation in China's Economic Rise. Studies in Comparative International Development [J], Studies in Comparative International Development, 2008, 43 (1): 1 –26.

[151] Chung, S. Building a National Innovation System through Regional Innovation Systems. Technovation, 2002, 22 (8): 485 –491.

[152] Agranoff, R. and McGuire, M.. Expanding intergovernmental management's hidden dimensions. American Review of Public Administration, 1999, 29 (4): 352 –369.

[153] Fuenfschilling, L., Truffer, B.. The interplay of institutions, actors and technologies in socio-technical systems: an analysis of transformations in the Australian urban water sector. Technol. Forecast. Social Change, 2016 (103): 298 –312.

[154] Marks, G. , & Hooghe, L. . Unravelling the central state, but how? Types of multilevel governance. American Political Science Review, 2003, 97 (2): 233 -243.

[155] Campbell-Verduyn. Malcolm and Tony Porter, Experimentalism in European Union and Global Financial Governance: Interactions, Contrasts, and Implications, Journal of European Public Policy, 2014, 21 (2): 408 -29.

[156] Junbo Yu. Roger R Stough and Peter Nijkamp, Governing Technological Entrepreneurship in China and the West, Public Administration Review, 2009, 69 (43): 95 -100.

[157] Chan Hon S, Cadre Personnel Management in China: The Nomenklatura System, 1990 -1998, The China Quarterly, 2004, 179 (46): 703 -34.

[158] Rawski Thomas G, Implications of China's Reform Experience, The China Quarterly, 1995, 144 (5): 1150 -1173.

[159] Fanm Peilei, Promoting Indigenous Capability: The Chinese Government and the Catching-Up of Domestic Telecom-Equipment Firms, China Review, 2006, 6 (4): 9 -35.

[160] Jidong Chen. Jennifer Pan and Yiqing Xu, Sources of Authoritarian Responsiveness: A Field Experiment in China, American Journal of Political Science, 2006, 60 (4): 383 -400.

[161] Lan Xue and Kaibin Zhong, Domestic Reform and Global Integration: Public Administration Reform in China over the Last 30 Years, International Review of Administrative Sciences, 2012, 78 (2): 284 -304.

[162] Caulfield Janice L, Local Government Reform in China: A Rational Actor Perspective, International Review of Administrative Sciences, 2006, 72 (48): 253 -67.

[163] Hongbin Caim and Daniel. Treisman, Did Government Decentralization Cause China's Economic Miracle? World Politic, 2006, 58 (6): 5 -35.

[164] Cheah Sarah, Framework for Measuring Research and Innovation Impact, Innovation, 2016, 18 (3): 212 -32.

[165] Etzkowitz Leydesdorff, The Dynamics of Innovation: From National Systems and Mode 2. to a Triple.

[166] Montinola. Gabriella. Yingyi Qian and Weingast, Barry R, Federalism, Chinese Style: The Political Basis of Economic Success in China, World Politics, 1995, 48 (3): 50 -81.

[167] Heilmann Sebastian, From Local Experiments To National Policy: The Origins Of China's Distinctive Policy Process, China Journal, 2008, 12 (59): 1 -30.

[168] Malesky Edmund and Jonathan London, The political economy of development in China and Vietnam, Annual Review of Political Science, 2014, 9 (17): 395 -419.

[169] ChungJae Ho, China's local governance in perspective: Instruments of central government control, The China Journal, 2016, 75 (46): 38 -60.

[170] Bingqin Li, Social Pension Unification in an Urbanising China: Paths and Constraints, Public Administration and Development, 2014, 34 (6): 281 -93.

[171] Heilmann Sebastian. Lea Shih and Andreas Hofem, National Planning and Local Technology Zones: Experimental Governance in China's Torch Programme, The China Quarterly, 2013, 216 (2): 896 -919.

[172] Yongmao Fan, The Centre Decides and the Local Pays: Mandates and Politics in Local Government.

[173] Youlang Zhang and Xufeng Zhu, Career Cohorts and Inter-Jurisdictional Innovation Diffusion: An Empirical Exploration in China, International Public Management Journal, 2018, 11 (3): 1 -27.

[174] Chien Shiuh-Shen, The isomorphism of local development policy: A case study of the formation and transformation of national development zones in post-Mao Jiangsu, China, Urban Studies, 2008, 45 (2): 273 -294.

[175] Malesky Edmund and Jonathan London, The Political Economy of Development in China and Vietnam, Annual Review of Political Science, 2014, 17 (54): 395 -419.

[176] [美] 亨利·埃茨科维兹. 三螺旋创新模式：亨利·埃茨科维兹文选 [M]. 陈劲译. 北京：清华大学出版社，2006.

[177] [美] 亨利·埃茨科维兹. 大学－产业－政府三元一体的创新模式：三螺旋 [M]. 周春彦译. 北京：东方出版社，2005.

[178] 白俊红. 中国的政府 R&D 资助有效吗？来自大中型工业企业的经验证据 [J]. 经济学（季刊），2011，28（4）.

[179] 蔡翔，王文平，李远远. 三螺旋创新理论的主要贡献、待解决问题及对中国的启示 [J]. 技术经济与管理研究，2010，26（1）.

[180] 曹霞，张路蓬. 基于 SD 仿真的政府行为与产学研合作创新的驱动关系研究 [J]. 科技管理研究，2014，43（24）.

[181] 曾国屏，李正风. 国家创新体系：技术创新、知识创新和制度创新的互动 [J]. 自然辩证法研究，1998，27（11）.

[182] 陈程，刘和东. 中国高新技术产业创新绩效测度及影响因素研究——基于创新链视角的两阶段分析 [J]. 科技进步与对策，2012，26（1）.

[183] 陈劲，等. 中国创新发展报告（2016）[M]. 北京：社会科学文献出版社，2017.

[184] 陈劲，梁靓，吴航. 开放式创新背景下产业集聚与创新绩效关系研究——以中国高技术产业为例 [J]. 科学学研究，2013，38（4）.

[185] 陈子凤，官建成. 中国制造业技术创新扩散模式的演化 [J]. 中国软科学，2009，26（2）.

[186] 程华，廖中举. 中国区域环境创新绩效评价与研究 [J]. 中国环境科学，2011，28（3）.

[187] 崔永华，李正风，尹雪慧，李红林. 跨边界组织在国家创新体系中的作用及路径选择：以学会为例 [J]. 中国科技论坛，2011（386）.

[188] 戴建平，骆温平. 供应链多变合作价值创造实证研究——基于物流企业与供应链成员多边合作的视角 [J]. 当代经济管理，2018，40（5）.

[189] 戴小勇，成力为. 财政补贴政策对企业研发投入门槛效应 [J]. 科研管理，2014，25（6）.

[190] 杜宝贵. 制度变迁视角下中国科技政策演进的路径分析 [J]. 科技成果

纵横，2011，38（3）.
[191] 范斐，杜德斌，李恒. 区域科技资源配置效率及比较优势分析 [J]. 科学学研究，2012，36（8）.
[192] 傅兆君. 中国发展道路的创新驱动特征研究 [J]. 南京理工大学学报（社会科学版），2012，43（3）.
[193] 高艳慧，万迪昉，蔡地. 政府研发补贴具有信号传递作用吗？——基于中国高技术产业面板数据的分析 [J]. 科学学与科学技术管理，2012，33（1）.
[194] 关志民，等. 产学研合作中政府支持作用与成功因素的探索性研究 [J]. 科技进步与对策，2014，31（7）.
[195] 官建成，刘顺忠. 区域创新机构对创新绩效影响的研究 [J]. 科学学研究，2003（2）.
[196] 官建成，余进. 基于 DEA 的国家创新能力分析 [J]. 研究与发展管理，2005（6）.
[197] 郭强. 自主创新博弈：由政府与企业边界生发 [J]. 改革，2008（2）：51－57.
[198] 郭晓丹，何文韬. 战略性新兴产业政府 R&D 补贴信号效应的动态分析 [J]. 经济学动态，2011（9）.
[199] 胡长生. 政府的创新功能边界：在自主创新与市场之间 [J]. 中共南昌市委党校学报，2009（2）.
[200] 黄曼，朱桂龙，胡军燕. 创新政策工具分类选择与效应评价 [J]. 中国科技论坛，2016（1）.
[201] 黄宁燕，王培德. 实施创新驱动发展战略的制度设计思考 [J]. 中国软科学，2013（4）.
[202] 康健，胡祖光. 基于区域产业互动的三螺旋协同创新能力评价研究 [J]. 科研管理，2014（5）.
[203] 康伟，陈茜，陈波. 公共管理研究领域中的社会网络分析 [J]. 公共行政评论，2014（6）.
[204] 柯江林，等. 企业 R&D 团队之社会资本与团队效能关系的实证研究——

以知识分享与知识整合为中介变量［J］. 管理世界，2007（3）.
［205］孔东民、徐茗丽、黄京．环境污染、媒体曝光与不同类型的投资者反应［J］. 华中科技大学学报，2013（2）.
［206］黎文靖，郑曼妮．实质性创新还是策略性创新？——宏观产业政策对微观企业创新的影响［J］. 经济研究，2016（4）.
［207］李钢，马丽梅．创新政策体系触及的边界：由市场与政府关系观察［J］. 改革，2015（3）.
［208］李宇，郭庆磊，林菁菁．企业集团如何引领产业创新升级：一个网络能力视角的解析［J］. 南开管理评论，2014（6）.
［209］梁鲁晋．结构洞理论综述及应用研究探析［J］. 管理学家（学术版），2011（4）.
［210］梁潇．三螺旋创新模式中信息流主体研究——以信息论加权的社会网络分析法［J］. 情报科学，2008，26（1）.
［211］林晓言，张爱萍，郝亚平．中国高铁技术创新三螺旋理论研究［J］. 北京交通大学学报（社会科学版），2017，42（2）.
［212］刘继兵，王琪，马环宇．制度环境对战略性新兴产业创新能力的影响［J］. 科技进步与对策，2015，28（23）.
［213］柳卸林．二元的中国创新体系［J］. 科学学与科学技术管理，2006，37（2）.
［214］栾永玉．高科技企业跨国创新生态系统：结构、形成、特征［J］. 财经理论与实践，2007，36（5）.
［215］彭纪生，仲为国，孙文祥．政策测量、政策协同演变与经济绩效：基于创新政策的实证研究［J］. 管理世界，2008，12（9）.
［216］彭宜新．公共政策对国家创新系统影响研究［J］. 科技进步与对策，2009（7）.
［217］齐亚伟．中国区域创新能力评价及空间分布特征分析［J］. 工业技术经济，2015，32（4）.
［218］邱均平，王菲菲．基于文献计量的国内外社会网络分析研究比较［J］. 情报资料工作，2011，37（1）.

[219] 任保平，郭晗．经济发展方式转变的创新驱动机制 [J]．学术研究，2013，46（2）．

[220] 任胜刚．企业网络能力结构的测评及其对企业创新绩效的影响机制研究 [J]．南开管理评论，2010，13（1）．

[221] 邵云飞，范群林，唐小我．基于内生增长模型的区域创新能力影响因素研究 [J]．科研管理，2011，17（9）．

[222] 史安娜，李兆明，黄永春．工业企业研发活动与政府研发补贴理念转变——基于演化博弈视角 [J]．中国科技论坛，2013，32（5）．

[223] 苏英．创新政策理论基础的演变及启示 [J]．科技创新导报，2010，42（33）．

[224] 孙绪华．中国科技资源配置的实证分析与效率评价 [D]．武汉：华中农业大学，2011.

[225] 涂振洲，顾新．基于知识流动的产学研协同创新过程研究 [J]．科学学研究，2013，37（9）．

[226] 王邦兆，王欢，郭本海．区域创新系统耦合度改进模型及实证研究 [J]．中国管理科学，2014，46（22）．

[227] 王德华，刘戒骄．国家创新系统中政府作用分析 [J]．经济与管理研究，2015，32（4）．

[228] 王进富等．产学研协同创新机制研究——一个理论分析框架 [J]．科技进步与对策，2013，34（16）．

[229] 王俊．R&D 补贴对企业 R&D 投入及创新产出影响的实证研究 [J]．科学学研究，2010，28（9）．

[230] 王清刚，徐欣宇．企业社会责任的价值创造机理及实证检验——基于利益相关者理论和生命周期理论 [J]．中国软科学，2016，43（2）：179－192.

[231] 王涛．三螺旋理论视角下的产学研政策分析 [J]．教育学术月刊，2018，27（5）．

[232] 王亚刚，席酉民．国家创新体系的构建与评估：基于和谐管理理论的系统探讨 [J]．中国软科学，2007，32（3）．

[233] 魏守华，吴贵生，吕新雷．区域创新能力的影响因素——兼评中国创新能力的地区差距［J］．中国软科学，2010，34（9）．

[234] 吴晓园，丛林．企业技术创新策略与政府 R&D 补贴——基于不完美信息的动态博弈模型［J］．科学学与科学技术管理，2012，33（2）．

[235] 武欣．国内外创新政策研究的评述［J］．经济研究参考，2010，68（42）．

[236] 徐匡迪．技术创新引领循环经济发展［J］．环境经济，2016，34（Z4）．

[237] 徐立平，姜向荣，尹翀．企业创新能力评价指标体系研究［J］．科研管理，2015，12（1）．

[238] 杨德伟，汤湘希．政府研发资助强度对民营企业技术创新的影响——基于内生性视角的实证研究［J］．当代财经，2011，18（12）．

[239] 杨洋，魏江，罗来军．谁在利用政府补贴进行创新？——所有制和要素市场扭曲的联合调节效应［J］．管理世界，2015，12（1）．

[240] 姚洋，章奇．中国工业企业技术效率分析［J］．经济研究，2001，12（10）．

[241] 尹德志．基于国家创新驱动发展研究［J］．科学管理研究，2013，37（3）．

[242] 于斌斌．传统产业与战略性新兴产业的创新链接机理——基于产业链上下游企业进化博弈模型的分析［J］．研究与发展管理，2012，24（3）．

[243] 于晓宇，谢富纪．基于 DEA－Tobit 的区域创新系统资源配置优化策略研究［J］．研究与发展管理，2011，13（1）．

[244] 喻德来．政策边界及其明确［J］．浙江社会科学，1990，12（6）．

[245] 张凤，霍国庆．国家科研机构创新绩效的评价模型［J］．科研管理，2007，26（3）．

[246] 张宏性，程晞．国家创新模型及评价指标体系研究［J］．统计研究，2005，28（7）．

[247] 张利飞．高科技企业创新生态系统运行机制研究［J］．中国科技论坛，2009，32（4）．

[248] 张运生．高科技企业创新生态系统边界与结构解析［J］．软科学．2008，

35 (11): 150 - 168.

[249] 张志平，白锐锋，金玉娜. 政治关联与政府干预对民营企业信号传递的影响——基于自愿性内部控制鉴证报告的经验证据 [J]. 现代财经（天津财经大学学报），2013，28 (6): 38 - 63.

[250] 张治河，潘晶晶，李鹏. 战略性新兴产业创新能力评价、演化及规律探索 [J]. 科研管理，2015，12 (3): 36 - 52.

[251] 赵连根，谢秉衡. 构建浦东区域性产学研协同创新机制研究 [J]. 中国浦东干部学院学报，2008，26 (2): 53 - 59.

[252] 赵筱媛，苏竣. 基于政策工具的公共科技政策分析框架研究 [J]. 科学学研究，2007，36 (1): 19 - 31.

[253] 甄红线，贾俊艳. 产学研协同创新的科学内涵与实现路径 [J]. 金融教学与研究，2013，32 (2): 61 - 79.

[254] 郑仁伟，黎士群. 组织公平、信任与知识分享行为之关系性研究 [J]. 人力资源管理学报，2001，18 (2): 79 - 110.

[255] 周正，尹玲娜. 中国产学研协同创新动力机制研究 [J]. 软科学，2013，36 (7): 15 - 23.

[256] 朱平芳，徐伟民. 政府的科技激励政策对大中型工业企业 R&D 投入及其专利产出的影响——上海市的实证研究 [J]. 经济研究，2003，28 (6): 34 - 43.

[257] 朱晓霞. 基于 SD 模型的 RIS 创新驱动力研究 [J]. 科学学研究，2008，26 (6): 40 - 47.

[258] 庄涛. 资源整合视角下官产学研三螺旋关系 [M]. 北京：中国社会科学出版社，2018.

[259] 邹益民，张智雄. 创新三螺旋模型的计量研究与实践进展 [J]. 情报杂志，2013 (4): 85 - 90.

[260] 周黎安. 行政发包制 [J]. 社会，2014 (6): 61 - 79.

[261] 陈家建. 项目制与基层政府动员——对社会管理项目化运作的社会学考察 [J]. 中国社会科学，2013 (2): 79 - 110.

[262] 陶然，陆曦，苏福兵，汪辉．地区竞争格局演变下的中国转轨：财政激励和发展模式的反思 [J]．经济研究，2009 (7)：2-21.
[263] 朱孟珏，周春山．改革开放以来中国城市新区开发的演变历程、特征及机制研究 [J]．现代城市研究，2012，(27)：80-85.
[264] 周姣，赵敏．中国高新技术产业开发区创新效率及其影响因素的实证研究 [J]．科技管理研究，2014 (34)：1-6.
[265] 章文光、李伟．创新型城市创新效率评价与投入冗余分析 [J]．科技进步与对策，2017 (6)：122-126.
[266] 尹继佐．建设循环经济型的国际大都市 [M]．上海：上海科学技术文献出版社，2004：167-173.
[267] 杨冬梅，赵黎明，闫凌州．创新型城市：概念模型与发展模式 [J]．科学学与科学技术管理，2006，27 (8)：97-101.
[268] 蒋尉．西部地区绿色发展的非技术创新系统研究——一个多层治理的视角 [J]．西南民族大学学报（人文社科版），2016，37 (09)：152-160.
[269] 马万里．分权困境与多层治理：财力与事权相匹配的反思与路径重构 [J]．社会科学，2013 (08)：37-46.
[270] 张书涛．政府绩效评估的多层治理与偏差控制：一个政策协同的分析框架 [J]．河南师范大学学报（哲学社会科学版），2018，45 (6)：13-18.
[271] 中华人民共和国科学技术部．关于进一步推进创新型城市试点工作的指导意见 [Z]．2010-4-6.
[272] 中华人民共和国科学技术部．创新型城市建设监测评价指标 [Z]．2013-11-29.
[273] 中华人民共和国科学技术部．建设创新型城市工作指引 [Z]．2016-12-1.
[274] 曾德明，彭盾．基于耗散结构理论的国家创新体系国际化研究 [J]．科学管理研究，2009 (8)：36-50.
[275] 张五常．中国的经济制度 [M]．北京：中信出版社，2009.
[276] 周飞舟．大兴土木：土地财政与地方政府行为 [J]．经济社会体制比较，2010 (3)：78-93.

[277] 周黎安．晋升博弈中政府官员的激励与合作——兼论中国地方保护主义和重复建设问题长期存在的原因 [J]. 经济研究，2004 (6)：49 - 62.

[278] 陶然，苏福兵，陆曦，朱昱铭．经济增长能够带来晋升吗？——对晋升锦标竞赛理论的逻辑挑战与省级实证重估 [J]. 管理世界，2010 (12)：38 - 56.

[279] 朱旭峰，张友浪．新时期中国行政审批制度改革：回顾、评析与建议 [J]. 公共管理与政策评论，2014 (1)：132 - 154.

[280] 章文光，宋斌斌．改革开放 40 年中国创新治理的回顾与展望 [J]. 四川大学学报（哲学社会科学版），2019 (4)：38 - 47.

[281] 章文光，宋斌斌．从国家创新型城市试点看中国实验主义治理 [J]. 中国行政管理，2018 (12)：89 - 95.

[282] 章文光，宋斌斌，秦黎．多层治理视角下国家创新型城市的创新治理优化 [J]. 行政论坛，2019，26 (6)：90 - 97.

后　记

衷心感谢我的导师章文光教授三年来的悉心指导和言传身教。老师的学术热情、学术修养和学术智慧一直感染、引领着我，老师为人处世的严谨认真、周到细致使我受益良多。更重要的是，老师对公平正义的执著、对初心的坚守、对弱势群体的同情与关注，既是他学术道路上始终秉承的核心，也成为我人生路上受用不尽的财富。三年里，他的包容和理解给了我宽松的求学环境，他的勉励与督促成为我学术进步的最大动力。在章教授身边耳濡目染的三年里，我学到很多，也将终身受益。

感谢陆佶老师对我的耐心指导和研究上的帮助。和他相处的半年时间是我学术进步最快的半年，他对我手把手地指导，逐字逐句地修改我的文章，研究真问题、解决真问题的教诲时刻言犹在耳。

感谢求学生涯中各位帮助与支持我的师友。尤其感谢北京师范大学政府管理学院孙宇老师、王洛忠老师、王华春老师对我的博士论文的悉心指导和帮助，感谢郭智芳、鲍慧杰等老师在三年里对我的培养和付出。

感谢刘洋、陈宇、罗天正等同学在我写作期间给我提供的帮助，同学们创造的温馨奋进的学术氛围，以及三年来坚持不懈的学术讨论，不仅为我的研究提供了很大帮助，也激发了我的学术热情。

本书的调研得到了相关政府、高校和企业界人士们的大力支持，非常感谢他们提供的各类资料和对相关事件内容的亲述。他们的积极支持使本书得以顺利开展。

最后，感谢我的妻子师晓欢，她使我成为更好的自己，她的爱与支持让每件事都成为可能。

宋斌斌

2021 年 4 月

图书在版编目（CIP）数据

央地关系视角下中国实验主义创新治理研究／宋斌斌著．--北京：中国财政经济出版社，2021.6
ISBN 978－7－5223－0558－5

Ⅰ.①央…　Ⅱ.①宋…　Ⅲ.①国家－行政管理－创新管理－中央与地方的关系－研究－中国　Ⅳ.①D630.1

中国版本图书馆 CIP 数据核字（2021）第 099391 号

责任编辑：王芝文　　　　责任校对：徐艳丽
责任印制：刘春年　　　　封面设计：陈宇琰

央地关系视角下中国实验主义创新治理研究
YANGDI GUANXI SHIJIAO XIA ZHONGGUO SHIYAN ZHUYI CHUANGXIN ZHILI YANJIU

中国财政经济出版社 出版

URL：http：//www.cfeph.cn
E－mail：cfeph@cfemg.cn

社址：北京市海淀区阜成路甲 28 号　邮政编码：100142
营销中心电话：010－88191522
天猫网店：中国财政经济出版社旗舰店
网址：https：//zgczjjcbs.tmall.com
北京财经印刷厂印刷　各地新华书店经销
成品尺寸：170mm×240mm　16 开　12 印张　188 000 字
2021 年 6 月第 1 版　2021 年 6 月北京第 1 次印刷
定价：58.00 元
ISBN 978－7－5223－0558－5
（图书出现印装问题，本社负责调换，电话：010－88190548）
本社图书质量投诉电话：010－88190744
打击盗版举报热线：010－88191661　QQ：2242791300